Karl-Martin Dietz

Jeder Mensch ein Unternehmer

Grundzüge einer dialogischen Kultur

Schriften des
Interfakultativen Instituts für Entrepreneurship (IEP)
der Universität Karlsruhe (TH)
Band 18

Jeder Mensch ein Unternehmer

Grundzüge einer dialogischen Kultur

von
Karl-Martin Dietz

universitätsverlag karlsruhe

Impressum

Universitätsverlag Karlsruhe
c/o Universitätsbibliothek
Straße am Forum 2
D-76131 Karlsruhe
www.uvka.de

Dieses Werk ist unter folgender Creative Commons-Lizenz
lizenziert: http://creativecommons.org/licenses/by-nc-nd/2.0/de/

Universitätsverlag Karlsruhe 2008
Print on Demand

ISSN: 1614-9076
ISBN: 978-3-86644-264-1

Inhaltsverzeichnis

Geleitwort

Mit dem Begriff des „Unternehmerischen" meinen wir am Interfakultativen Institut für Entrepreneurship nicht so sehr eine Theorie der Unternehmensgründung und auch nicht eine Methodenlehre, sondern vor allen Dingen die „Idee" des Unternehmerischen als allgemein-menschliche Grundfähigkeit. Diese Grundfähigkeit kann dann in den verschiedensten Lebenslagen realisiert werden, bei Gründung und Führung eines erfolgreichen Wirtschaftsunternehmens ebenso wie in der Bürgergesellschaft, dem Vereinswesen oder auch in der persönlichen Lebensführung. Uns interessiert, worin diese Idee besteht und wie sie im Zuge menschlicher Selbstentwicklung praktisch wird. Davon handelt auch die vorliegende Schrift.

Bei der Übernahme des Lehrstuhls im Jahr 2003 war es mir wichtig, ein Element einzubeziehen, das seit vielen Jahren seine praktische Wirksamkeit in der Führungskultur meines Unternehmens gezeigt hatte, die „Dialogische Führung". Sie wurde von Karl-Martin Dietz und Thomas Kracht, den Gründern und Betreibern des Friedrich von Hardenberg Instituts für Kulturwissenschaften in Heidelberg, konzipiert. Die seither in ununterbrochener Folge an meinem Lehrstuhl durchgeführten Seminare zur Dialogischen Führung erfreuen sich großen Zuspruchs bei den Studierenden und können längst nicht alle Bewerber aufnehmen.

„Dialogische Führung" arbeitet an der Frage, wie möglichst viele Mitarbeiter eines Unternehmens oder einer Organisation in eine individuelle unternehmerische Disposition gelangen und wie sie aus einer solchen heraus fruchtbar zusammenarbeiten können. In der vorliegenden Schrift von Karl-Martin Dietz wird dieser Gedanke aus den sich wandelnden Verhältnissen unseres Zeitalters heraus begründet und für die allgemein-menschliche Situation in der Gegenwart fruchtbar gemacht. Sie liefert einen wertvollen Beitrag für diejenigen Zeitgenossen, die das Unternehmerische in sich selbst entdecken, verstärken und in der Zusammenarbeit fruchtbar machen wollen.

Karlsruhe, im Juli 2008   Götz W. Werner

6

Vorwort

Entrepreneurship ist eine Disziplin, die auf Handeln hinausläuft, und insofern ein Unikum im akademischen Kontext. Für die Studierenden in unseren Seminaren über „Dialogische Führung" am Lehrstuhl Entrepreneurship ist es immer wieder überraschend, dass sie nicht – wie sonst in ihrer akademischen Karriere – als „Wissende" (oder Nichtwissende) angesprochen werden, sondern als Handelnde.

Dabei ist das Handeln in den vergangenen Jahrzehnten offenbar für immer mehr Menschen zum Problem geworden. Gerade junge Erwachsene sehen sich deutlicher als früher der Notwendigkeit ausgesetzt, bewusst zwischen der Skylla der Resignation und der Charybdis angepassten „Machens" ihren Kurs zu halten. „Jeder Mensch ein Odysseus"? Vielleicht wäre das auch ein passender Titel für diese Schrift gewesen. Odysseus als unternehmerischer Mensch: Zunächst läuft es auf äußeren Erfolg hinaus. Mit Beharrlichkeit (10 Jahre Belagerung) und einer innovativen Marketingidee (hölzernes Pferd) wird Troja zu Fall gebracht. Daran schließt sich eine ebenso lange Irrfahrt an auf der Suche nach sich selbst (nach der „Heimat"). An deren Ende findet er zu Hause völlig veränderte Verhältnisse vor, denen er sich aber gewachsen zeigt. Bei Odysseus kommen diese beiden Lebensphasen säuberlich getrennt hintereinander, für heutige Menschen fallen sie eher zeitlich zusammen.

Nicht umsonst ist Odysseus erfolgreich durch seine Kenntnis, Flexibilität und Kreativität. Auch wer sich heute als „handelnder Mensch" verstehen will, darf das Erkennen nicht vernachlässigen. Gefragt sind dabei nicht so sehr „ewige Wahrheiten" als vielmehr die Fähigkeit, sich das notwendige Wissen in jedem Augenblick des Lebens selbst zu verschaffen. Bei der sich verkürzenden Halbwertzeit des Wissens geht es vor allem um Orientierungsfähigkeit. Damit kommen wir nicht selten an unsere Grenze und beginnen, darunter zu leiden. „Du möchtest Dir ein Stichwort borgen – allein bei wem?" Diese von Gottfried Benn gleich nach dem Ende des Zweiten Weltkriegs aufgeworfene Frage kann heute ziemlich eindeutig beantwortet werden: nur bei dir selbst.

Von dieser Fragestellung handelt die vorliegende Schrift. Sie geht aus von gesellschaftlichen Entwicklungen der vergangenen Jahrzehnte, durch die die Individualität des Menschen in besonderem Maße herausgefordert ist – nicht nur sein Verhältnis zu sich selbst, sondern auch das zu den anderen Menschen. Wie lebt der Einzelne in einer individualisierten Welt? Wie kann darin Zusammenleben und -arbeiten gelingen? An welchen Stellen kann ich ansetzen, um mein „Stichwort" zu finden?

Ganz offensichtlich ändert sich heute nicht nur der positive Gehalt des Wissens ständig, sondern auch mein Verhältnis zu ihm. Will ich nicht nur irgendwie „erfolgreich", sondern auch authentisch handeln, erhält alle damit verbundene Erkenntnisbemühung einen existenziellen Charakter. –

An dem von Professor Götz W. Werner geleiteten Interfakultativen Lehrstuhl für Entrepreneurship habe ich seit 2003 Gelegenheit, die schon zuvor mit Thomas Kracht konzipierten Überlegungen in einen neuen Diskurs einzubringen und fortzuführen. Für Anregungen und für kritische Durchsicht von Teilen des Manuskripts danke ich den Teilnehmern am ständigen Gesprächskreis am Lehrstuhl, insbesondere Peter Dellbrügger, Ludwig Paul Häußner, Thomas Kracht, Dorothee León Cadenillas, André Presse, Rudy Vandercruysse, Götz W. Werner und Sylvia Zürker.

Die Bearbeitung des Manuskripts besorgten Vera Ritzkat und Natalie Koerner, das Lektorat Christa von Grumbkow, Mitarbeiterinnen im Friedrich von Hardenberg Institut für Kulturwissenschaften in Heidelberg. Ihnen danke ich herzlich für ihre umsichtige Arbeit.

Heidelberg, im Juli 2008   Karl-Martin Dietz

1 Individualität

Seien wir Realisten.
Versuchen wir das Unmögliche!

Che Guevara

„Jeder Mensch ein Unternehmer"? Mit diesem Titel ist nicht eine Vermassung des Unternehmergedankens intendiert, sondern seine innere Qualität. „Unternehmer" in diesem Sinne ist kein Beruf, sondern eine Haltung, die durch Entwicklungen der letzten Jahrzehnte ebenso herausgefordert wie gefährdet scheint. Zum einen finden sich bis in die Top-Etagen karrierebewusste, auf Quartalszahlen fixierte leitende Angestellte, die ihrem Lebenserfolg gelegentlich mit zweifelhaften Mitteln nachhelfen, wenn man den Gerichtsreportagen der letzten Jahre glauben darf. Über den Karrieristen stehen Shareholder und bestimmen aus ihrer Sicht die Geschicke des Unternehmens. Sie sind vom Unternehmertum manchmal ebenfalls weit entfernt, jedenfalls von einer Identifikation mit ihrem Unternehmen, dessen Menschen und Produkten. Durch derartige Phänomene, die sich bestenfalls als Karikaturen von Unternehmergeist verstehen lassen, sollte man sich jedoch nicht ablenken lassen von der Frage, worin das eigentlich Unternehmerische besteht. Dass Fehlverhalten an oberster Stelle katastrophale Folgen zeitigt, hängt wesentlich mit der Zentralität von Führung zusammen, die bis heute immer noch üblich ist. Schon Alfried Krupp hat sich vor mehr als 130 Jahren zum Ziel gesetzt, dass in seinem Unternehmen nichts von Bedeutung geschähe, „das nicht im Zentrum der Prokura bekannt sei oder mit Vorwissen und Genehmigung derselben geschähe."[1] Diese Einstellung ist inzwischen längst als Mangel erkannt. „Man muss erkennen, dass es zu den Schwächen dieses alten Führungssystems für die Gegenwart gehört, dass es gerade für die Spitze des hierarchischen Kegels der sozialen Pyramide immer wieder möglich ist, wirksame Drittkontrollen auszuschalten, wenn ihr selber die Selbstkontrolle verloren ging. Dieses Phänomen zeigt ein großer Teil der derzeitigen industriellen Großkonkurse deutlich

---

1   JÜRGEN KOCKA, „Industrielles Management: Konzeptionen und Modelle in Deutschland vor 1914", in: Vierteljahrschrift für Sozial- und Wirtschaftsgeschichte, Band 56, 1969, S. 332-372, hier: S. 344

auf."[2] Hier sind nicht Korrekturen gefordert, sondern neue Verhältnisse. „Wir brauchen darum ein Führungs- und Organisationskonzept, das den eruptiv sich meldenden Entwicklungserwartungen der Menschen unserer Tage entspricht, ein Konzept, das Wunsch und Wille nach Mitbestimmung und Mitgestaltung der industriellen Lebenswelt in einer prinzipielleren und allgemeineren Weise entspricht als dies in allen im politischen Raum bisher diskutierten Mitbestimmungsmodellen der Fall ist. Wir leben in einer Zeit des Aufbruchs individueller Initiativen, im Zeitalter des ‚mündigen Bürgers' und Mitmenschen."[3]

Um den mündigen Menschen geht es in dieser Schrift: um „Unternehmergeist", der heute in vielerlei Gestalt auftreten kann als eine unternehmerische Qualität des Menschseins, die unabhängig von äußeren Stellungen oder Tätigkeitsmerkmalen anzutreffen ist. Es geht um eine seelische Disposition und um geistige Fähigkeiten, also um die inneren Bedingungen des Unternehmertums.

Wer in diesem Sinne unternehmerisch handeln will, erlebt heute manche Herausforderung. Zum einen spürt er noch stärker als vor wenigen Jahrzehnten eine Diskrepanz zwischen dem, was die Zeit fordert, und den eigenen Fähigkeiten. Hinzu kommt die ebenfalls im Anwachsen begriffene Herausforderung, den Gegensatz zu überwinden zwischen dem Einzelnen mit seiner naturbelassenen Egozentrik und dem notwendigen Zusammenhalt in der Gemeinschaft. Auf den Einzelnen kommt es an, aber je stärker er wird, umso mehr fürchtet man, dass er alles auf sich selbst beziehen möchte und das „Ganze" vergisst. Hier liegt eine zweite große Herausforderung für den unternehmerischen Menschen.

Egozentrik als unhinterfragter Normalfall des Individuellen ist offensichtlich ein Produkt der Neuzeit. „Der zentrale Begriff allen sozialen und politischen Denkens im Spätmittelalter wie der frühen Neuzeit war der des Gemeinnutzes. Jedwedes soziale oder politische Handeln sollte dem gemeinen Nutzen dienen. Das heisst nicht, dass diese Regel nicht verletzt oder Eigennutz tatsächlich verdrängt wurde, aber kein Verhalten wurde offiziell so diskreditiert wie ‚eigennütziges' Handeln. Der Begriff ‚Gemeinnutz' war allerdings vielschichtig ..."[4] Auch dem einzelnen Menschen war die Egozentrik nicht zu allen Zeiten inhärent: Der Mensch war bereits von

---

2 BENEDIKTUS HARDORP, „Führung ohne Hierarchie?", in: Der Wirtschaftsprüfer als Unternehmensberater. Festschrift für Wirtschaftsprüfer und Steuerberater Dr. Max Horn zum 70. Geburtstag, Ulm 1974, S. 109
3 BENEDIKTUS HARDORP, „Führung ohne Hierarchie?", a. a. O., S. 111
4 RICHARD VAN DÜLMEN, Die Entdeckung des Individuums 1500 bis 1800, Frankfurt/Main 1997, S. 110

Natur aus zu sittlichem Handeln fähig. Er wurde nicht erst durch den Staat zu einem moralischen Lebewesen.[5] Von einer Egozentrik des Individuums wie selbstverständlich auszugehen, ist deshalb von vornherein eine beschränkte Sichtweise.[6] – Wenn und soweit von einer selbstverständlichen Egozentrik des neuzeitlichen Menschen ausgegangen wird, hat dies Folgen für die Gemeinschaftsbildung. Diese können nur darauf hinauslaufen, den Einzelnen durch Vorschriften und Vereinbarungen, getragen von Traditionen, Prinzipien und moralischen Appellen, gemeinschaftsfähig zu machen. Wenn der Einzelne nur an sich denkt, dann muss die Gemeinschaft durch allerlei Rahmenbedingungen sicherstellen, dass er wenigstens in seinem Verhalten Sozialfähigkeit zeigt. Je mehr diese Rahmenbedingungen intrinsisch werden (Moral, Kommunitarismus usw.), umso wirksamer wird ihre Verbindlichkeit und umso reibungsloser funktioniert das Gemeinschaftsleben. In Wirklichkeit erleben wir jedoch heute in großem ebenso wie in kleinem Stile, dass das auf allgemeine Rahmenbedingungen gestützte Gemeinschaftswesen immer weniger trägt; und soweit es trägt, schränkt es den Einzelnen in seinen Fähigkeiten ein. Hier scheint ein grundlegender Wandel gefordert. Es genügt nicht mehr, die Einzelnen durch soziale Regeln gemeinschaftsfähig zu machen und von außen Leistungsfähigkeit von ihnen zu fordern. Vielmehr drängt sich die Frage auf: Ist es denn so undenkbar, dass das Individuum als solches nicht nur gemeinschafts- und leistungswillig, sondern auch gemeinschafts- und leistungsfähig wird?

Darin spricht sich eine zentrale Herausforderung an den Unternehmergeist aus. Es gibt Anzeichen dafür, dass dem unternehmerischen Menschen eine bedeutende Zukunft bevorsteht. Eines dieser Anzeichen ist der von soziologischer Seite konstatierte „Individualisierungsschub" in unserer Gesellschaft seit ca. 40 Jahren.

1.1 Individualisierung

Die vor rund 25 Jahren angestoßene Individualisierungsdebatte innerhalb der Soziologie rückt eine Entwicklung in das Licht der öffentlichen Aufmerksamkeit, die keineswegs neu ist, sich jedoch seit den sechziger Jahren

---

5 MATTHIAS HILDEBRANDT, „Historische Konzeptionen des Selbst in den USA", in: KLAUS BECKMANN, THOMAS MOHRS, MARTIN WERDING (Hg.), Individuum versus Kollektiv. Der Kommunitarismus als „Zauberformel"?, Frankfurt/Main 2000, S. 66
6 CARL R. ROGERS, Entwicklung der Persönlichkeit [1961] Stuttgart 1991; JOACHIM BAUER, Prinzip Menschlichkeit, Hamburg 2006

des vorigen Jahrhunderts durch einen deutlichen „Individidualisierungs-schub" bemerkbar macht.[7] Zu beobachten ist seither eine zunehmende Auflösung traditioneller Klassen-, Bildungs- und Einkommensstrukturen und damit der Lebensgewohnheiten im weitesten Sinne.[8] Die zentrale These: „Das, was sich seit den letzten zwei Jahrzehnten in der Bundesrepublik (und vielleicht auch in anderen westlichen Industriestaaten) abzeichnet, ist nicht mehr im Rahmen der bisherigen Begrifflichkeiten immanent als eine Veränderung von Bewusstsein und Lage der Menschen zu begreifen, sondern ... muss als Anfang eines *neuen Modus der Vergesellschaftung* gedacht werden, als eine Art ‚Gestaltwandel' oder ‚kategorialer Wandel' im Verhältnis von Individuum und Gesellschaft."[9] In diesem Wandel sind drei Ebenen erkennbar: Erstens die Herauslösung aus historisch vorgegebenen Sozialfaktoren („Freisetzungsdimension"), zweitens der Verlust von traditionalen Sicherheiten („Entzauberungsdimension") und drittens die Suche nach einer neuen Art der sozialen Einbindung („Kontroll- bzw. Reintegrationsdimension").[10] „Individualisierung bedeutet, dass das Individuum zentraler Bezugspunkt für sich selbst und die Gesellschaft wird."[11] Paradoxerweise erschweren gleichzeitig die Rahmenbedingungen des Vergesellschaftungsprozesses die individuelle Verselbständigung in zunehmendem Maße.[12] Diese Entwicklung mit ihren Schwierigkeiten, Retardationen und Paradoxien ist nicht einfach zu konstatieren, sondern von den Betroffenen und Beteiligten (im weitesten Sinne also von uns allen) als Herausforderung zu erleben: „Gefordert ist ein aktives Handlungsmodell des *Alltags*, das das Ich zum Zentrum hat."[13]

Diese Feststellungen vor gut 20 Jahren haben eine intensive Forschungsbewegung in Gang gesetzt. Was ist inzwischen aus der „Individualisierung" geworden? Welche Einsichten haben sich ergeben und welche aktuellen Aufgaben zeigen sich? – Zunächst einmal wurde den drei von Beck beobachteten Dimensionen Weiteres hinzugefügt. Nach „Freisetzung", „persönlicher Autonomie" und „Entfaltung von Individua-

---

7 ULRICH BECK, „Jenseits von Stand und Klasse? Soziale Ungleichheiten, gesellschaftliche Individualisierungsprozesse und die Entstehung neuer sozialer Formationen und Identitäten", in: REINHARDT KREKEL, Zur Theorie sozialer Ungleichheiten, Band 2, Göttingen 1983, S. 35-74; ULRICH BECK, Risikogesellschaft. Auf dem Weg in eine andere Moderne, a. a. O.; ULRICH BECK, ELISABETH BECK-GERNSHEIM (Hg.), Riskante Freiheiten. Individualisierung in modernen Gesellschaften, Frankfurt/Main 1994; JÜRGEN FRIEDRICHS, Die Individualisierungs-These, Opladen 1998
8 ULRICH BECK, Risikogesellschaft. Auf dem Weg in eine andere Moderne, a. a. O., S. 139
9 ebenda, S. 205
10 ebenda, S. 206
11 MATTHIAS JUNGE, Individualisierung, Frankfurt/Main 2002, S. 7
12 ULRICH BECK, Risikogesellschaft, a. a. O., S. 211
13 ebenda, S. 217

lität" wird nun eine „intrapsychische Differenzierung beobachtet".[14] Eine Ideengeschichte des soziologischen Konzepts der „Individualisierung", die sich insbesondere auf Georg Simmel, Norbert Elias und Ulrich Beck bezieht, kommt zu dem Ergebnis: „Das moderne universalistische Menschenbild basiert auf den normativen Pfeilern Individualität, Selbstwert und Autonomie. Diese dienen als Code für den individuellen Selbstbezug und den eigenen Gesellschaftsbezug der Individuen sowie für den Fremdbezug der Gesellschaft auf die Individuen. Das selbstbewusste und autonome Individuum, das souveräne Subjekt beherrscht das gesellschaftsbestimmte und gesellschaftsbestimmende moderne Menschenbild."[15] Dieses Menschenbild hat seine Wurzeln in der griechischen Antike, seine Vorgeschichte reicht über Christentum, Renaissance und Aufklärung bis ins 19. Jahrhundert. Renaissance und Aufklärung bilden den Höhepunkt seiner Entwicklung. „Die Individuen wurden bis zur Renaissance vor allem als Teile einer Kollektivität gesehen. Die kollektive Identität war wichtiger als die individuelle Identität. Wenn es trotzdem vereinzelt ‚freie Individuen' gab, dann wurden sie – im Unterschied zum modernen Verständnis von Individuum – als Einzelne im buchstäblichen Sinne, als außerhalb der sozialen Ordnung gestellte Wesen aufgefasst. Die Aufklärung nimmt die Impulse der Renaissance auf, indem sie die Idee vom Menschen als Individuum formuliert."[16]

Intrapsychische Differenzierung bezeichnet so einen genaueren Blick auf das Innenleben des einzelnen Menschen, baut aber dessen Verunsicherung nicht ab, da sie nicht zu einer Neukonzeption von Wirklichkeit und damit nicht zu einer neuen Art der Orientierung in der Welt führen kann. Außerdem erweist sich, wie bereits von Beck angedeutet, jede dieser Ebenen als in sich ambivalent: Freisetzung heißt auch Entwurzelung; persönliche Autonomie führt leicht zu individueller Überforderung; Entfaltung von Individualität kann in einer Entfremdung enden und intrapsychische Differenzierung setzt zwischenmenschliches Konfliktpotential frei.[17] „Dass das Individuum zentraler Bezugspunkt für sich selbst und die Gesellschaft wird"[18], ist bis hierher nirgends sichtbar geworden. Sicherheitsbedürfnisse dominieren, nicht Aufbruchstimmung.

So ergibt auch ein Blick auf die Antworten der soziologischen Klassiker Marx/Engels, Tönnies, G. Simmel, Durkheim, M. Weber und N. Elias im

---

14 NIKOLA EBERS, Individualisierung, Würzburg 1995, S. 34ff.
15 ebenda, S. 34
16 ebenda, S. 35
17 ebenda, S. 35ff.
18 MATTHIAS JUNGE, Individualisierung, a. a. O., S. 7

Hinblick auf die Individualisierung keine einheitlichen Ergebnisse, jedoch – zusammengefasst – zwölf Bedeutungen von Individualisierung:[19]

- Emanzipation von traditionellen Bindungen: familiale, soziale, ökonomische, biografische, kulturelle und moralische Emanzipation;

- Autonomie: Internalisierung ehemals äußerer sozialer Werte und Normen, Selbständigkeit als moralische Selbstverantwortung, Selbstkontrolle;

- Freiheit (wobei das Verständnis von *Freiheit* bei den einzelnen Autoren alles andere als einheitlich oder auch nur kompatibel ist. Kippele kommt zu dem Ergebnis, „dass sich Freiheit als Individualisierungsdimension nicht besonders eignet."[20]);

- persönliche Eigenart zwischen Anderssein, Eigenständigkeit und Getrenntheit;

- soziale Vernetzung;

- positivere Bewertung des Individuums;

- Kosmopolitanismus;

- innerpsychische Differenzierung (nur bei Simmel und Elias);

- Bewusstwerdung des eigenen Ichs;

- Rückzug ins Private;

- Isolierung;

- Ohnmacht.

Betrachtet man „Individualisierung als Programm und Problem der modernen Gesellschaft" aus einer gewissen zeitlichen Distanz[21], so erscheint das Handeln in der Gesellschaft als „zur Freiheit verdammt"[22] – Freiheit nicht als Privileg, sondern als zu bewältigende Notlage. „Wir schaffen uns unsere Gewissheiten immer wieder selbst, weil wir sonst im wahrsten Sinne des Wortes irre würden. Bei genauer Betrachtung liegt hier der Kern der

---

19   FLAVIA KIPPELE, Was heißt Individualisierung? Die Antworten soziologischer Klassiker, Opladen 1998, S. 204ff.
20   ebenda, S. 217
21   G. NOLLMANN, H. STRASSER, „Individualisierung als Programm und Problem der modernen Gesellschaft", in: GERD NOLLMANN, HERMANN STRASSER (Hg.), Das individualisierte Ich in der modernen Gesellschaft, Frankfurt/Main 2004, S. 9-28
22   ebenda, S. 12

14

unausweichlichen Individualisierung unserer Weltauffassung: Gerade weil wir – wissenschaftlich betrachtet – meist mit nur beschränkter Sicherheit wissen können, in welche Richtung sich unser Leben morgen entwickeln wird, *müssen* wir unser Verhalten immer mehr als selbstbestimmt auffassen."[23] Die seit Jahrzehnten zunehmende *Individualisierung* läuft nicht auf ein bestimmtes Ergebnis hinaus. „Wir leben eben nicht in einer individualisierten Gesellschaft, sondern im Zeitalter der Individualisierung, ähnlich wie schon Immanuel Kant lehrte, dass wir nicht in einem ‚aufgeklärten Zeitalter', sondern im ‚Zeitalter der Aufklärung' lebten."[24] So bestimmen „Einbettung und Entfesselung" den Dreh- und Angelpunkt der modernen Gesellschaft. Der „flexible Mensch" (Richard Sennett) zeigt, dass dem globalen Kapitalismus die ethischen Grundlagen abhanden gekommen sind. Eine gesellschaftliche Einbindung kann (so Luc Boltanski) nur über eine wertgestützte Identifikation erfolgen, und d. h. nur über „eine neue Moral der Authentizität, Kreativität und Selbstverwirklichung."[25]

Vor dem Horizont des unternehmerischen Handelns entsteht vor allen Dingen die Frage nach der Individualität, die im Zuge der beobachtbaren „soziologischen Individualisierung" nicht befriedigend geklärt wird. Dass es auf sie ankommt, scheint unbestritten. „Gefordert ist ein aktives Handlungsmodell des Alltags, das das Ich zum Zentrum hat";[26] das wurde bereits erwähnt. Ähnlich sieht das Matthias Horx in zwei Thesen:

„1. Die Gesellschaft der Zukunft entsteht aus reifer Individualität,

2. Individualität ist der rote Faden der Moderne."[27]

Was nun unter Individualität verstanden wird, ist divergent und hängt offensichtlich davon ab, wonach man überhaupt sucht. Wenn „Individualisierung" zunächst einmal Zerbrechen der Tradition ist, Pluralisierung der Lebenseinstellungen, Subjektivierung des Denkens und Handelns und Suche nach Identität, dann könnte Individualität dasjenige sein, was all diesen Bewegungen zugrunde liegt, sie (mehr oder weniger freiwillig) auf sich wirken lässt und versucht, an die Stelle der schwindenden Orientierung eine neue zu setzen; eine Instanz also, die Individualisierung „erleidet", ihr jedenfalls passiv unterliegt. Dann wird Individualität als

---

23 ebenda, S. 13
24 ebenda, S. 14
25 ebenda, S. 16
26 ULRICH BECK, Risikogesellschaft, a. a. O., S. 217
27 MATTHIAS HORX, „Die neue Welt der ICHs?", in: GERD NOLLMANN, HERMANN STRASSER (Hg.), Das individualisierte Ich in der modernen Gesellschaft, a. a. O., S. 204

Subjekt verstanden, das sich den Ereignissen als „Objekten" im Wortsinne „gegenüberstellt". Individualisierung fordert aber offensichtlich mehr: ein Ich, das die Situation ergreift und von sich aus gestaltet. Solange man sich selbst nur als Schnittmenge genetischer, gesellschaftlicher und psychischer Eigenschaften versteht, hat man da wenig Chancen. Wenn H. Keupp von „Patchwork-Identität" spricht, so entsteht die Frage, wer denn die einzelnen Eigenschaften zu einem zusammenhängenden Ganzen zusammenstellt. Und wenn „Identität" als „diskursive Konstruktion" gilt, stellt sich die entsprechende Frage nach dem Konstrukteur.[28]

Die Existenz eines Ich im angedeuteten Sinne wird von anderen mit emotionalem Einsatz geleugnet, z. B.: „,Ich' zu sagen, macht nur in einer Gemeinschaft Sinn. Nur noch ,Ich' zu sagen, ist eine Perversion, ein sich selbst auflösender Akt. Das Ich ist nur denkbar im Wir."[29] Die Begründung ist allerdings etwas schwammig: „Neue Langzeitstudien und Ergebnisse aus den Forschungslaboren der Neurowissenschaftler widersprechen der Vorstellung, dass der Kern der Persönlichkeit angeboren sei und dann stabil bleibe. Vielmehr zeigen die aktuellen Erkenntnisse über die Plastizität, also die Verformbarkeit des Hirns, dass sich die Nervenzellen des Hirns fast ein Leben lang neu organisieren können, mit Folgen auch für den Charakter. Das heißt umgekehrt, dass es relativ sinnlos ist, wenn Menschen ihr vermeintlich angelegtes Selbst finden oder verwirklichen wollen: Es geht nicht um eine Suche nach einer Bestimmung, vielmehr muss der Mensch in eigener Freiheit bestimmen, was aus ihm werden soll. Die Frage lautet nicht mehr: ,Wer bin ich', sondern: ,Wer könnte ich werden'."[30] Man wird hier aufpassen müssen, dass die Suche nach dem eigenen Ich nicht unvermerkt als abwegige Suche nach der ewigen Gehirnzelle interpretiert wird. Warum die Frage nach dem, „der ich werden könnte", nicht als Frage nach dem „Ich" aufzufassen ist, bleibt unverständlich. Ist „Werden" denkbar, wenn es nicht zwischen heute und übermorgen bei aller Veränderung eine Identität gibt? – Dem tut es keinen Abbruch, dass ich mich als Ich vor allem dann erlebe, wenn ich mich von „den anderen" differenziere. „Ich bin Ich" heißt dann vor allem: Ich bin der andere nicht. „Man könnte dann die Frage provozieren, wer das denn eigentlich sei, der diese ganzen Identitäten auf sich vereinige. Man fragte dann letztlich nach der eigentlichen Identität *hinter* den Identitäten. ... Und so stoßen wir beim Nachspüren nach

---

28 HEINER KEUPP, Identitäts-Konstruktionen, Reinbeck 1999, 2002²
29 WERNER SIEVER, CHRISTIAN WEBER, Ich. Wie wir uns selbst erfinden, Frankfurt/Main 2006, S. 296
30 ebenda, S. 79f.

Identität eben nicht auf Einheit, auf Stabilitäten und festgelegte Merkmale, sondern auf Differenz."[31]

Ohnehin kommt es darauf an, was man sucht. „Identität" antwortet auf die Frage, wo mein Platz in der Gesellschaft ist. Eine Art Gegenposition formuliert die Frage nach dem „Subjekt": Wie stelle ich mich aktiv der Gemeinschaft gegenüber? – Nach „Individualität" im Sinne der jeweiligen, einmaligen Besonderheit hingegen traut sich offenbar niemand eingehender zu fragen.[32]

Die erwähnten Ebenen der Individualisierung machen deutlich, dass noch andere Qualitäten des Ich als die bisher entdeckten gefordert sind:

1. Das Schwinden der gewohnten kulturellen und gesellschaftlichen Rahmenbedingungen für das Leben des Einzelnen ist ein Faktum. Man kann aber mit dieser empirischen Tatsache auch eine Aufgabe verbunden sehen, die bisher noch nicht wirklich ergriffen worden zu sein scheint: herauszufinden, wo diese allgemeine gesellschaftliche Entwicklung ihre Ursprünge hat.

2. Die Dimension der Verunsicherung erfordert eine radikale Neuorientierung des Einzelnen. Der Einzelne muss herausfinden, was er selbst will und kann. Selbsterkenntnis und Selbstentwicklung sind hier gefragt. Ohne sie ist der gesellschaftliche Paradigmenwechsel der „Individualisierung" nicht zu bewältigen. Ohne sie jagt man den verlorenen Sicherheiten nach auf der Suche nach anderen, aber gleichartigen. Die Bewältigung dieser Dimension geht über das soziologisch Beschreibbare weit hinaus. Sie wird im nächsten Abschnitt („Der freie Geist") aufgegriffen.

Der gemeinsame, feste, gegebenenfalls durch Propagandamittel unterstützte Glaube an diese oder jene Maxime ist durch die beiden Großdiktaturen des 20. Jahrhunderts auf deutschem Boden unwiderruflich in Misskredit geraten. Die im Zuge der Individualisierung zerbrechenden kollektiven Wahrheiten durch andere ebenso kollektive Wahrheiten zu ersetzen, ist deshalb keine besonders zukunftsträchtige Option. Es geht auch nicht um eine Baukastenethik, um

---

31 ARMIN NASSEAI, „Ich-Identität paradox", in: GERD NOLLMANN, HERMANN STRASSER (Hg.), Das individualisierte Ich in der modernen Gesellschaft, a. a. O., S. 30f.
32 Vgl. HEINER KEUPP, Psychologie, Reinbeck 2001, S. 38f

weltanschauliche Versatzstücke, die beliebig zu kombinieren ich die so genannte „Freiheit" habe. Pluralistische Beliebigkeit ersetzt Pauschalurteile nicht wirklich, sondern vernebelt durch Fraktionierung nur deren Anstößigkeit.

Im Zeitalter der Individualisierung entsteht vielmehr der hohe Anspruch, die Lebensorientierung aus mir selbst heraus zu finden. Das erfordert Fähigkeiten im Umgang mit Ideen (eigenen und fremden), die nicht nur in koagulierter Form als fixe Vorstellungshorizonte erscheinen dürfen. Es erfordert Handeln aus sich selbst heraus (Initiative), statt auf Vorgaben oder Beauftragungen durch andere zu warten. Es erfordert vor allem eigene Urteilsfähigkeit, die auch Selbstkritik mit einschließt. Ich muss, kurz gesagt, wissen, was ich will und kann – und wohin meine Selbstentwicklung gehen soll. Was hier in Betracht kommt, wird ebenfalls im nächsten Abschnitt unter der Überschrift „Der freie Geist" genauer beschrieben.

3. Die Suche nach Neuorientierung fällt ganz anders aus, je nachdem, ob ihr eine Bemühung um Selbstentwicklung zugrunde liegt oder nicht. Ohne Selbstentwicklung bleibt sie, wie gesagt, relativ banal. Der Einzelne, durch „Individualisierung" Verunsicherte ist anfällig z. B. für Versuchungen der Konsumwelt, der Wellness und jeglicher Form des Hedonismus. Im Zuge der Selbstentwicklung entsteht jedoch allmählich auch ein neuer Blick auf die natürliche und gesellschaftliche Wirklichkeit. Der Einzelne entdeckt dann „da draußen" Dinge und Sachverhalte, die ihn zu neuer Sinnfindung anregen. Er tritt mit anderen, denen es ebenso geht, in ein „dialogisches" Verhältnis gegenseitiger Anregung (Näheres dazu siehe unten in Kapitel 2). Damit entsteht eine neue Art der Zusammenarbeit, die auf der geistigen Produktivität der Einzelnen beruht.[33] Es geht dann um das handlungsfähige Ich, das durch den „freien Geist" (siehe unten) entsteht. Was mache ich aus der gegebenen Situation? Was setze ich der Entwurzelung, Vereinzelung und Orientierungslosigkeit entgegen? Was mache ich aus mir selbst?

Sosehr ich für mein Handeln (meine Lebensführung) selbst verantwortlich bin, so hilfreich, ja unerlässlich ist die gegenseitige Anregung bei der Suche nach individueller Orientierung und nach ge-

---

33 KARL-MARTIN DIETZ, Produktivität und Empfänglichkeit, Heidelberg 2008

18

meinschaftlichen Handlungszielen. Dies erfordert eine grundlegende Neuorientierung im Sozialen. Befehl und Gehorsam, sei es gegenüber Vorgesetzten oder gegenüber „demokratisch" gefassten Gruppenbeschlüssen, sind nicht länger das tragende Element der Zusammenarbeit. An ihre Stelle treten Ratschläge und individuelle Einsichten. „Geistige Produktivität" und „freie Empfänglichkeit" konstituieren die Umgangsformen in einer individualisierten Gesellschaft.[34]

Sinn, Verantwortung und Initiative können nur vom Einzelnen geleistet werden. In traditionellen Institutionen überlagert das Verhältnis zu den anderen Menschen und ihren Willensbekundungen (Vorgesetzte, Gruppenbeschlüsse) den Eigenwillen des Einzelnen und sein Verhältnis zur Wirklichkeit. Er handelt so, wie es ihm vorgegeben oder von ihm erwartet wird, nicht aus eigener Einsicht in den Sachverhalt.

In der individualisierten Gesellschaft zeigt sich erst, wie eng beides zusammenhängt, die individuelle Erkenntnis im Verhältnis zur Wirklichkeit und die individuelle Initiative. Nur wer die Situation durchschaut, kann auch eigenständige (und zugleich sachgerechte) Entscheidungen treffen. Und wer eigenständig handeln will, *muss* sich selbstverantwortlich in die Wirklichkeit hineinstellen. Ich bedarf dann keiner sozialen Regelung von außen mehr – im Gegenteil, diese würde meine Eigenständigkeit in jeder Hinsicht konterkarieren. Was nicht durch mein eigenes Urteil gedeckt ist, kann ich nicht selbständig durchführen!

Im Zuge der Individualisierung gerät also nicht nur das Individuum in neue, ungewohnte Verhältnisse (Autonomie und die innere Notwendigkeit, ihr gerecht zu werden), sondern auch die Gemeinschaft. Gesellschaft dient nicht mehr der Regelung individuellen Verhaltens, um Exzesse der Selbstbezogenheit zu vermeiden, sondern entsteht gerade durch ein aktives Zusammenwirken der Einzelnen. Deren Verhältnis untereinander beruht auf Anregung und Hingabe, Initiative und Interesse, also letztlich auf Produktivität und Empfänglichkeit. Es setzt nicht mehr eine Einschränkung des Persönlichen zugunsten von „Gemeinschaft" voraus.

4. Vor dem Hintergrund des Unternehmergeistes wird sich das Ich des Menschen vor allem als gestaltendes Element zu verstehen und zu verwirklichen suchen. Individualisierung bedeutet also in ihrer Kon-

---

34   ebenda

19

sequenz eine radikale Umwendung, in mehrerer Hinsicht. Wie soll sie konkret aussehen? Ist sie nicht eigentlich utopisch?

Was durch den letzten großen Individualisierungsschub (seit den sechziger Jahren des 20. Jahrhunderts) in Gang gesetzt wurde und noch lange nicht an seinem Ende ist, wäre mit dem Wort „Wertewandel" allzu zart angedeutet. Allein für die Lebenskonsequenzen des einzelnen Menschen, die auf den vorigen Seiten angesprochen wurden, bedeutet „Individualisierung" die Notwendigkeit einer vollständigen Neuorientierung. Es entsteht die Herausforderung, ein „unternehmerischer" Mensch zu werden, tendenziell für jeden. „Jeder Mensch ein Unternehmer" ist deshalb keine Tatsachenbehauptung, sondern die Beschreibung einer Aufgabe, einer Aufforderung, die das Zeitalter an jeden von uns stellt.

Der Frage, wie dieser Herausforderung begegnet werden könnte, widmen sich die folgenden Überlegungen.

Der Act des sich selbst Überspringens ist überall der höchste – der Urpunct – die Genesis des Lebens ...

Novalis[35]

1.2 Freier Geist

Die im vorigen Abschnitt skizzierte Individualisierungsdebatte (die in diesem Zusammenhang nicht eingehender besprochen werden konnte) mündet in die Frage, wie mit der neuen Situation des Individuums in der Gesellschaft umgegangen werden kann. Selbst wenn man Orientierungspunkte aus früheren Epochen suchen wollte, so müsste man gleichwohl auf eigene Verantwortung prüfen, ob sie in der neuen Situation überhaupt tragfähig sind. Unvermeidbar ist der Einzelne jetzt auf sich selbst angewiesen, wenn er die weiteren Wege seines Lebens und Handelns bestimmen will. Bedeutet also „Individualisierung" vor allem eine Schwächung des Existenzgefühls? Dann wären ihre Folgen mit Mitteln der Psychologie und der Psychotherapie anzugehen – was ja heute auch vielfältig geschieht. Oder bietet die Individualisierung eine Chance für das „unternehmerische

---

35 NOVALIS, Schriften, 2. Band, hg. von RICHARD SAMUEL, Darmstadt 1981, Vermischte Schriften I, Nr. 134

20

Selbst" des Menschen und fordert dieses zur aktiven Gestaltung heraus? Dann bekommt der in der Philosophie bekannte Begriff des „freien Geistes" eine neue Relevanz. Er wird existenziell. Als solcher ist der Begriff in der Geistesgeschichte wohlbekannt.

Der „freie Geist" enthält im Zeitalter der Aufklärung die Konnotation des Atheismus, doch wird dies später differenzierter gesehen. Er bezieht sich sowohl auf ein Denken, das sich durch die Evidenz der Sache leiten lässt, als auch auf die Bereitschaft zur Aufnahme der göttlichen Eingebung. Spinoza betont den konstruktiven Beitrag der geistigen Freiheit für die Aufrechterhaltung von Frieden, Frömmigkeit und Recht. In der Schule von Padua des 16./17. Jahrhunderts richtet sich der freie Geist nicht gegen die Annahme des Daseins Gottes, wohl aber gegen die kirchliche Autorität. In Kants Aufklärungsschrift gehört zur menschlichen Natur auch der Hang und Beruf zum freien Denken. Und für Hegel ist die Substanz des Geistes die Freiheit. Der freie Geist ist der „Geist, der sich als frei weiß", als „vollkommene Einheit des Subjektiven und Objektiven." Erst unter Nietzsches Umwertung der tradierten Werte wird der freie Geist zum „Erlöser von der Moral", die durch Platonismus und Christentum geprägt sei.[36] „Man darf vermuthen, dass ein Geist, in dem der Typus ‚freier Geist' einmal bis zur Vollkommenheit reif und süss werden soll, sein entscheidendes Ereigniss in einer grossen Loslösung gehabt hat, und dass er vorher um so mehr ein gebundener Geist war und für immer an seine Ecke und Säule gefesselt schien. [...] Die *grosse Loslösung* kommt für solchermaassen Gebundene plötzlich, wie ein Erdstoss; die junge Seele wird mit Einem Male erschüttert, losgerissen, – sie selbst versteht nicht, was sich begiebt."[37] Das klingt wie das Erlebnis eines gewaltigen Individualisierungsschubes: die große Loslösung aus früherer Gebundenheit, unerwartet und heftig „wie ein Erdstoss". Und der „freie Geist" ist Produkt dieser Bewusstseinsentwicklung und bezeichnet zugleich deren Zielsetzung. Er ist nicht einfach da, sondern entwickelt sich. Klar ist auch, dass ein solcher „Erdstoss" prinzipiell nicht mit den Mitteln der empirisch arbeitenden Soziologie in seinen Ursachen begriffen und einer Zielrichtung zugeführt werden kann. Empirie

---

36 W. RIES, „Geist, freier", in: JOACHIM RITTER, Historisches Wörterbuch der Philosophie, Band 3, Darmstadt 1974, Spalte 204-206. Zur Freiheit des Menschen in der Aufklärung siehe auch KARL VORLÄNDER, Geschichte der Philosophie, 2. Band, Leipzig 1927, S. 211-314
37 FRIEDRICH NIETZSCHE, „Menschliches, Allzumenschliches I", in: FRIEDRICH NIETZSCHE, Sämtliche Werke, hg. von GIORGIO COLLI und MAZZINO MONTINARI, Berlin 1980, Band 2, S. 15f. Dazu auch: ANNEMARIE PIPER, „Freiheit ohne soziale Verantwortung? ‚Freigeisterei' (KANT) versus ‚Freigeist' (NIETZSCHE)", in: HEINRICH SCHMIDINGER, CLEMENS SEDMAK, Der Mensch – ein freies Wesen?, Darmstadt 2005, S. 21-32

kann naturgemäß immer nur feststellen, was bereits eingetreten ist. Die „Loslösung", die „wie ein Erdstoss" geschieht, stößt aber das Tor in die Zukunft auf. Es gehört zu ihr dazu, dass „sie selbst nicht versteht, was sich begibt." Soziologie hat in diesem Zusammenhang die Funktion eines Seismographen, eines Anzeigers dieser Erschütterung.

Dabei reichen jedoch die Auffassungen und Erlebnisse von freiem Geist, wie wir sie in der Geschichte vor Nietzsche kennenlernen können, nicht aus, um die Anforderungen, die der aktuelle Individualisierungsschub stellt, zu erfüllen. In der Geschichte hat der „freie Geist" sehr verschiedene Bedeutungen angenommen, beschreibt aber doch fast immer eine negative Freiheit, eine „Freiheit wovon", sei es Gott, Kirche, Obrigkeit oder Denkgewohnheit, und das heißt nicht selten eine „Freiheit", die durch Ausblenden der Umgebung, also durch Isolation und durch Beschränkung auf das „Eigene" entsteht.[38] Als der Begriff 1894 von Rudolf Steiner aufgegriffen wird, erfährt er eine grundlegende Wendung. „Freier Geist" beschreibt jetzt – in der Terminologie Nietzsches – die Chancen einer „Freiheit wozu" und erhält damit eine unübersehbare Bedeutung für das praktische Leben.[39] Er konstituiert einen ethischen Individualismus, der sein Handeln aus „moralischer Intuition" speist. Er macht ernst damit, dass Intuition die Ursprungsform allen Denkens ist. Damit realisiert er zugleich den ursprünglich engen Zusammenhang dessen, was man heute als „Denken" und als „Spiritualität" unterscheidet. Dennoch ist der ethische Individualismus Steiners kein „Rückfall" auf Platon, denn er baut auf die in der Neuzeit selbstbewusst und selbstverantwortlich gewordene Individualität. – Vorsichtshalber sei hier angemerkt, dass der seit gut 100 Jahren inflationär gebrauchte Begriff „Intuition" in zwei völlig verschiedenen Bedeutungen verwendet wird, meistens im Sinne von „Bauchgefühl". Der geistesgeschichtliche Ursprung des Begriffs liegt aber in einer geistigen Anschauung, die dem rationalen Denken zugrunde liegt, wie das etwa Platon und Aristoteles exemplarisch ausgeführt haben. Das lateinische Wort Intuition ist im 13. Jahrhundert an die Stelle des griechischen epakte getreten.[40] – Dies muss an dieser Stelle genügen, um wenigstens Verwechslungen vorzubeugen.

Steiners Begriff des „freien Geistes" vereinigt Eigenständigkeit im Erkennen und Handeln, geistige Produktivität (Kreativität) und soziale Verträglichkeit. Er ist weder Ausnahme noch Regel menschlicher Exis-

---

38 HANS JONAS, Augustin und das paulinische Freiheitsproblem, Göttingen 1930, S. 84ff.
39 RUDOLF STEINER, Die Philosophie der Freiheit [1894], GA 4 (1995)
40 durch die Aristoteles-Übersetzungen ins Lateinische von WILHELM VON MOERBEKE

tenz, sondern beschreibt das Wesen des einzelnen Menschen als dessen Entwicklungsziel. Man findet dieses „Wesen" nicht einfach vor, sondern erreicht es nur durch eigene Aktivität. „Ein freies Wesen kann [der Mensch] nur *selbst* aus sich machen."[41] Der freie Geist kommt tendenziell in jedem Menschen zum Tragen, wenn dieser sich seiner mentalen und emotionalen Prägungen ebenso vergewissert wie des auf ihn einwirkenden Fremdeinflusses, wenn er all dies zu beherrschen lernt und schließlich durch ein Handeln aus moralischer Intuition dominiert.

Freiheit in diesem Sinne beruht auf einer Gestaltungskraft des Denkens. Denken bedient nicht einfach nur die Bedürfnisse des Subjekts. Es kann auch fragen, unter Absehung von allem Subjektiven: Wie ist die betrachtete Sache als solche? Das ist zweifellos ein kognitiver Akt der Befreiung von emotionaler Selbstbezüglichkeit. Er ist bekannt, wenn auch nicht selbstverständlich. Die spezifische Leistung der „Philosophie der Freiheit" kommt erst bei einer weiteren Leistung des Denkens in den Blick. Das Denken bringt die Ideenwelt in mir zum Aufleuchten. Sie ist nicht mehr nur allgemein, sondern sie ist individuell. Ideenwelt ist für mich nicht länger das Ferne, sondern ich kann sie in mir entdecken. Ich bin nicht mehr nur das erfahrende Subjekt und nicht mehr nur ein geistig tätiges Subjekt, sondern ich *erlebe* die Ideenwelt in mir und damit meine Individualität als freien Geist. Auch das „Ich" zeigt sich in Betätigung dieser Freiheit in einer anderen Dimension als vorher.

Diese geistesgeschichtliche Wendung von dem Geist „da draußen" zu dem Geist „in mir" und seiner Wirklichkeit tritt in neuester Zeit als Bedürfnis vieler Menschen auf. Sie spricht sich z. B. aus in der heute weit verbreiteten Suche nach „Ganzheitlichkeit" und „Spiritualität".

Indem ich gestaltendes Denken betätige, beginnt meine innere Freiheit. Sie ist im Sinne der „Philosophie der Freiheit" nicht einfach gegeben. Sondern sie ist Ziel der Selbstentwicklung des Menschen und dabei doch gleichzeitig dessen Inbegriff. Von außen ist sie weder herzustellen noch letztlich zu verhindern. „Die Natur macht aus dem Menschen bloß ein Naturwesen; die Gesellschaft ein gesetzmäßig handelndes; ein freies Wesen kann er nur selbst aus sich machen. Die Natur lässt den Menschen in einem gewissen Stadium der Entwicklung aus ihren Fesseln los. Die Gesellschaft führt diese Entwicklung bis zu einem weiteren Punkte. Den letzten Schliff kann nur der Mensch selbst sich geben."[42] Natur und Gesellschaft liefern diejenigen Faktoren, die in den gängigen Menschenbildern des 20. Jahr-

---

41 RUDOLF STEINER, Die Philosophie der Freiheit [1894], a. a. O., S. 170
42 RUDOLF STEINER, Die Philosophie der Freiheit [1894], a. a. O., S. 170

hunderts den Menschen determinieren[43]. Die Frage ist, ob der Mensch diese Prägungen überwinden kann. Die „Philosophie der Freiheit" sieht diese Möglichkeit und beschreibt die Bedingung dafür.[44] Der einzelne Mensch kann es nur selbst tun. Da ist niemand, der es ihm abnähme.

Damit ist zugleich ein Weg zur menschlichen Freiheit mit verschiedenen Stadien beschrieben:

1. Die Welt ist „Objekt". Ich stelle mich ihr als Subjekt gegenüber. Ich beziehe alles Weltgeschehen auf mich und mobilisiere dazu gegebenenfalls eine hohe wissenschaftliche und technische Intelligenz, beurteile aber die „Welt" letztlich nach Sympathie und Antipathie oder nach Nutzen und Schaden für mich. Ich bin ego-zentriert. Dabei fühle ich mich von „den Verhältnissen" affiziert, wenn nicht sogar außenbestimmt. Daraus resultieren im Extremfall Kritik (Ablehnung) oder aber Konsumentenhaltung (man nimmt, was man kriegen kann). Meine „Freiheit" besteht auf dieser ersten Stufe im Wesentlichen aus meiner Distanz zur „Welt". – Bei den nun folgenden Stufen der Freiheit muss es darum gehen, das „Subjekt" in mir zu überwinden, ohne mich dabei selbst aufzugeben. Individualisierung sollte nicht mit Subjektivierung (oder gar: Privatisierung) verwechselt werden. Aber: Ist das schon alles? Vor dem Horizont des Unternehmerischen ist hier mehr gefordert. Was mache *ich* aus der gegebenen Situation? Was setze ich der Entwurzelung, Vereinzelung und Orientierungsproblematik entgegen? Und das heißt zugleich: Was mache ich aus mir?

2. Ich bin nicht dazu verurteilt, nur auf mich selbst bezogen zu bleiben, sondern kann mich in einen Zusammenhang mit dem „Weltganzen" hineinstellen. Diesen gewinne ich vor allem durch Denktätigkeit. Die durch das Denken erzeugte Weltoffenheit ist Wesensmerkmal des Menschen.[45] Zugleich entsteht in mir die Fähigkeit, mich denkend selbst zu bestimmen und mich nicht nur einfach als „Subjekt" zu erleben. Die Selbstbezüglichkeit des Ich ist dabei nicht prinzipiell aufgehoben, kann sich aber mit Hilfe der Denktätigkeit zum Welt-

---

43 ECKHARD MEINBERG, Das Menschenbild der modernen Erziehungswissenschaft, Darmstadt 1988
44 RUDOLF STEINER, Die Philosophie der Freiheit, a. a. O., Kapitel IX
45 ARNOLD GEHLEN, Der Mensch: Seine Natur und seine Stellung in der Welt, [1940] Frankfurt 1978

bezug erweitern. – In dieser Bemühung empfinde ich bei mir einige Mängel. Bin ich der Welt so, wie ich bin, denn schon gewachsen? Muss ich nicht an mir arbeiten? Ich sehe u. U. sogar die Richtung, die meine Selbsterziehung nehmen kann. Aber ob sie eingeschlagen wird, liegt allein an mir. Niemand anderes leistet das für mich. Hier liegt ein zweiter Akt der Freiheit – eine Tätigkeit, die ganz von mir abhängt.

3. Es gibt eine weitere Stufe der Freiheit. Sie beruht nicht mehr allein auf meiner Aktivität. Sie wird mir geschenkt oder auch nicht. Ich kann sie erwarten, aber nicht erzwingen. Ich kann günstige Bedingungen dafür herstellen, aber wenn sie auftaucht, geschieht dies plötzlich und unmittelbar. Ich erlebe mich als „freien Geist". Dieses Erleben ermöglicht zugleich ein neues Verhältnis zu meiner Umgebung, vor allem zu den anderen Menschen, die vielleicht Ähnliches versuchen. Das führt zu einer neuen Qualität von Gemeinschaft, die auf Freiheit beruht und nicht die Freiheit der Einzelnen zurückdrängt. Ich empfinde Verantwortung und Initiative als Elemente meiner Freiheit.

4. Eine vierte Stufe des Ich kann als Umkehrung der ersten erlebt werden. Die mystische Philosophie kennt diese Stufe als Erleben der Einheit des Kosmos, als „Rückkehr zum Hen (dem „Einen")" (Plotin) und unter vielen anderen Bezeichnungen.[46] Hier setzt sich das eigene Ich nicht von den anderen ab, sondern konstituiert sich überhaupt erst als geistige Individualität durch das Zusammenwirken mit anderen geistigen Individualitäten. An die Stelle der Passivität (Konsum, Leiden usw.) tritt Gestaltungskraft.[47]

In dem Maße, in dem das Denken nicht von der körperlichen und seelischen Organisation bestimmt wird,[48] kann von „freiem Geist" gesprochen werden. Das ist kein absoluter Ausdruck, sondern er kennzeichnet eine

---

46   KARL ALBERT, Einführung in die philosophische Mystik, Darmstadt 1996, S. 103ff.
47   Die vorstehenden Stufen des Denkens und der Freiheit wurden beschrieben in: KARL-MARTIN DIETZ, Freiheit oder Anpassung? Zur Aktualität des ethischen Individualismus, Heidelberg 2001; Näheres zum Thema auch bei KARL-MARTIN DIETZ (Hg.), Rudolf Steiners „Philosophie der Freiheit". Eine Menschenkunde des höheren Selbst, Stuttgart 1994; KARL-MARTIN DIETZ, Gemeinschaft durch Freiheit, Stuttgart 1996; THOMAS KRACHT (Hg.), Erkennen und Wirklichkeit. Zum Studium der „Philosophie der Freiheit" Rudolf Steiners, Band 2, Stuttgart 2001
48   Näheres dazu in Kapitel IX der Philosophie der Freiheit, a. a. O.

Entwicklungsrichtung: „Aus Handlungen der Freiheit und der Unfreiheit setzt sich unser Leben zusammen. Wir können aber den Begriff des Menschen nicht zu Ende denken, ohne auf den freien Geist als die reinste Ausprägung der menschlichen Natur zu kommen. Wahrhaft Menschen sind wir doch nur, insofern wir frei sind."[49] Es kommt auf den Willen zur Freiheit an, nicht auf verkündbare Ergebnisse. Die „Freiheit" des „freien Geistes" bewirkt Befreiung von den Einschränkungen der eigenen körperlichen und seelischen Organisation (Vorlieben, Triebe, Instinkte usw.) einerseits und von vorgegebenen gesellschaftlichen Werten andererseits. Drittens ermöglicht diese Freiheit ein initiatives Handeln, ein Handeln aus sich selbst heraus als eine unternehmerische Grundhaltung. – Im Zusammenhang mit der Individualisierung, wie sie von soziologischer Seite beschrieben wird, ist die Befreiung von traditionellen Werten relevant. Was aber tritt an die Stelle von vorgegebenem „Gut" und „Böse"? „Ich prüfe nicht verstandesmäßig, ob meine Handlung gut oder böse ist; ich vollziehe sie, weil ich sie liebe, sie wird ‚gut', wenn meine in Liebe getauchte Intuition in der rechten Art in dem intuitiv zu erlebenden Weltzusammenhang drinnen steht; ‚böse', wenn das nicht der Fall ist." Kriterium für „gut" und „böse" ist also, ob die einzelne Handlung in einem Gesamtzusammenhang steht oder ob sie aus ihm herausfällt (Isolation, Willkür, einseitige Schädigungen usw.). Zum „Gesamtzusammenhang" gehört – das legt die „Philosophie der Freiheit" ebenfalls klar – auch die Berücksichtigung der anderen beteiligten individuellen Menschen. Ein Gesamtzusammenhang ist kein vorab festgelegtes System, das anderen gegen ihren Willen (totalitär) übergestülpt werden könnte. Das ist durch den „ethischen Individualismus" der „Philosophie der Freiheit" von vornherein ausgeschlossen.[50] – Es bedarf hier nicht der Frage, wie ein anderer Mensch im gleichen Falle handeln würde, „sondern ich handele, wie ich, diese besondere Individualität, zu wollen mich veranlasst sehe. Nicht das allgemein Übliche, die allgemeine Sitte, eine allgemein-menschliche Maxime, eine sittliche Norm leitet mich in unmittelbarer Art, sondern meine Liebe zur Tat."[51] Wenn hier auf eine Definition von Gut und Böse verzichtet werden kann, so offenbar nicht, weil diese Unterscheidung nichts mehr gelten würde, sondern deshalb, weil die landläufigen Unterscheidungen von Gut und Böse zu kurz greifen. Sobald man definiert, hält man sich an irgendwelche Maßstäbe, die immer

---

49   ebenda, S. 167f.
50   Näheres dazu bei RENATUS ZIEGLER, Intuition und Ich-Erfahrung, Stuttgart 2006, S. 253f.
51   Alle Zitate aus: RUDOLF STEINER, Die Philosophie der Freiheit [1894], a. a. O., S. 162

vergangenheitsorientiert oder fremdgeleitet sind. Ethischer Individualismus geht aber davon aus, dass ich mein Verständnis von Gut und Böse jeweils selbst verantworten kann, statt es von anderen zu übernehmen, denn sonst hilft es mir nicht wirklich. Ich muss selbst die Verantwortung dafür übernehmen, dass dieses Verständnis den größtmöglichen Umfang hat, also das größtmögliche Ganze erreicht. Vorgefasste Maximen wären dabei eher hinderlich. Wer dies als subjektivistisch missverstehen wollte, müsste den gleichen Vorwurf auch gegen alle erheben, die Gut und Böse auf der Ebene von Definition festlegen wollen. Wer sich an eine Definition hält, stützte sich dann auch nur auf das Subjektive anderer Menschen statt auf sein eigenes. Die Bemühung, einen größtmöglichen Begriff von Gut und Böse zu fassen, kann mir niemand, auch kein philosophischer, psychologischer oder theologischer Fachmann, abnehmen. Ich würde dann nur einen wesentlichen Teil meiner Verantwortung auf andere abschieben und glauben, mich damit wenigstens subjektiv beruhigen zu können.

Eine weitere im Zusammenhang der Individualisierung relevante Fragestellung ist die nach dem Verhältnis von Individuum und Gemeinschaft. Auch hier stiftet der „freie Geist" neuartige Verhältnisse. „Wie ist aber ein Zusammenleben der Menschen möglich, wenn jeder nur bestrebt ist, seine Individualität zur Geltung zu bringen?"[52] Steiners Antwort auf diesen Einwand gegen den ethischen Individualismus: Wer glaubt, eine Gemeinschaft von Menschen sei nur möglich, wenn alle durch eine gemeinsam festgelegte sittliche Ordnung vereinigt sind, der „versteht eben die Einigkeit der Ideenwelt nicht. Er begreift nicht, dass die Ideenwelt, die in mir tätig ist, keine andere ist, als die in meinem Mitmenschen. Diese Einheit ist allerdings bloß ein Ergebnis der Welterfahrung. Allein sie *muß* ein solches sein. [...] Individualität ist nur möglich, wenn jedes individuelle Wesen vom andern nur durch individuelle Beobachtung weiß. Der Unterschied zwischen mir und meinem Mitmenschen liegt durchaus nicht darin, daß wir in zwei ganz verschiedenen Geisteswelten leben, sondern daß er aus der uns gemeinsamen Ideenwelt andere Intuitionen empfängt als ich. Er will *seine* Intuitionen ausleben, ich die *meinigen*. Wenn wir beide wirklich aus der Idee schöpfen [...], so können wir uns nur in dem gleichen Streben, in denselben Intentionen begegnen. Ein sittliches Missverstehen, ein Aufeinanderprallen ist bei sittlich *freien* Menschen ausgeschlossen."[53]

---

52 ebenda, S. 165
53 ebenda, S. 165f. – Die vorstehenden Ausführungen über den „freien Geist" beruhen auf dem entsprechenden Kapitel in KARL-MARTIN DIETZ, Produktivität und Empfänglichkeit, a. a. O.

Man würde die Intention dieser Sätze missverstehen, wenn man ihnen entnähme, es käme nur darauf an, alle Vorschriften zu beseitigen, und die Menschen richteten sich dann schon irgendwie miteinander ein. Vielmehr ist ausdrücklich gesagt, dass ein tragfähigeres Band der „Einigkeit" gesucht wird, als es die zwischenmenschlich ausgehandelten Satzungen, Vereinbarungen und Verhaltensgewohnheiten sein können. Individualismus heißt in dieser Hinsicht, sich nicht mit den Gedanken anderer oder mit den eigenen Gedanken von gestern zu begnügen, sondern in den Ursprungsbereich des Gemeinschaftlichen vorzustoßen. Zwischen dieser intuitiv aufzusuchenden einigen Ideenwelt und den menschlichen Satzungen besteht kein Widerspruch, sondern ein Verhältnis von Ursache und Auswirkung.

Der in der „Philosophie der Freiheit" entwickelte Begriff von Individualität stellt sich nicht in einen Gegensatz zur Welt, sondern hängt mit dieser in zweifacher Hinsicht zusammen: zum einen durch das Bewusstsein eines gemeinsamen Ursprungs und zum anderen durch das Ziel, die so genannte „Welt" schrittweise zu durchdringen. Individualität ist hier nicht statisch, sondern evolutionär zu verstehen. Ichbewusstsein ist im Laufe der Geistesgeschichte dadurch entstanden, dass die Menschen ihren Ursprung immer mehr aus dem Bewusstsein verloren haben. Und umgekehrt wird heute allgemein erlebt, dass die Distanz zwischen Ich und Welt (natürliche Umwelt oder Gesellschaft) nicht aufrecht erhalten werden kann, weil sie lebensbedrohlich geworden ist. – Es ist unschwer zu sehen, dass die skizzierten Stufen der Befreiung den Dimensionen der Individualisierung entsprechen, diese aufgreifen und sich so der jeweiligen Herausforderung stellen:

Die im Sinne von Individualisierung „erlittene" Herauslösung aus kollektiver und traditioneller Bindung bewirkt, dass ich meine selbstverständliche, unreflektierte Eingebundenheit in die „Welt" verliere. Ich stelle mich dieser Welt mehr und mehr als Subjekt gegenüber. Das heißt: Ich betrachte sie aus Distanz und bin mir klar darüber, dass meine Antriebe zum Handeln nicht aus dieser „Welt" kommen können. Zunächst gibt es da natürlich viele Übergänge. Ich glaube, eigenständig zu sein, bin aber vielen „weltlichen Einflüssen" unwillkürlich unterworfen (Meinungshorizonte, unbewusste Emotionalität usw.).

Gleichwohl wächst die Unsicherheit. Und ich bemerke, dass ich nur weiterkomme, wenn ich mich von den Resten der Kollektivität und Traditionalität bewusst befreie. Dazu kann ich nicht einfach so bleiben, wie ich bin. Ich muss etwas „aus mir machen", genauer gesagt: Um mich ganz zu entfalten, gehört auch dasjenige von mir dazu, was noch nicht zur Erscheinung kommt: Ich fühle mich zur Selbstentwicklung veranlasst und damit zur Erzeugung einer inneren Aktivität. (Dieser Gesichtspunkt wird in Kapitel 4 weitergeführt). Diese innere Aktivität führt nicht etwa „über mich hinaus" oder von mir weg, sondern eigentlich erst zu mir hin.

Damit tritt zugleich die Frage auf, wie nach dem Verlust der Außenorientierung mit Hilfe der inneren Aktivität eine neue, tragfähigere Orientierung gefunden werden kann. Ich handle nur noch aus Zielen, die ich mir selbst setze. Im ungünstigsten Falle sind diese selbstgesetzten Ziele Konstrukte logischer oder emotionaler Prägung. In dem Maße, in dem es gelingt, mir durch Selbstentwicklung neue Dimensionen der Wirklichkeit zu erschließen, kommen mir aber solche Zielsetzungen, an die ich früher gar nicht denken konnte, wie von „außen" entgegen. Es sind trotzdem meine eigenen, selbst erzeugten Ziele. Die „Welt" ist nicht mehr Rahmenbedingung, sondern Anregung meiner eigenen Existenz. Wenn die soziologische Betrachtung der Individualisierung als eine vierte Dimension die „intrapsychische Differenzierung" erwähnt (s. o. 1.1), dann bin ich an dieser Stelle in den seelischen Binnenraum geworfen, statt aus dessen Verwandlung ein neues Verhältnis zur „Welt" zu gewinnen. Dies aber wäre eine weitere Bemühung auf dem Weg zum „freien Geist". Statt Umwelt nur zu erleiden, gehe ich mehr in eine aktive Gestaltung dieser Umwelt über. Die mit der Subjektivierung eingetretene Spaltung von Ich und Welt wird durch deren Re-Integration aufgehoben. Ich komme damit zugleich in die Lage, die ich durch das „Erleiden" von Individualisierung zunächst verloren hatte: Gestaltend an meiner Umwelt teilzunehmen.

In Kürze könnte das zuletzt Ausgeführte folgendermaßen zusammengefasst werden:

Loslösung von Gruppen und Traditionen	Sich der Welt als Subjekt gegenüberstellen (Freiheit wovon)
Erlebte Unsicherheit	Selbstentwicklung; innere Aktivität (Freiheit wodurch)
Suche nach neuer Orientierung	Überwindung seelischer Hindernisse durch Selbstentwicklung. Verfolgen selbst gesetzter Ziele (Freiheit wozu)
Innerpsychische Differenzierung	Aktive Gestaltung der „Umwelt" (Freiheit als Authentizität)

Der hier angedeutete Vorgang ist in der Geistesgeschichte bereits bekannt. Er liegt beispielsweise Goethes Gedicht „Die Geheimnisse" zugrunde: „Von der Gewalt, die alle Wesen bindet, befreit der Mensch sich, der sich überwindet." Dieser Weg der Selbstüberwindung wird heute, im Zuge des Individualisierungsprozesses, lebensmäßig aktuell.

Der „freie Geist" der „Philosophie der Freiheit" und seine Konnotationen beschreiben Aufgaben und Entwicklungsziele. Diese stellen eine Herausforderung dar für diejenigen, die sich im Zeitalter der „Individualisierung" zurechtfinden und zu eigener Lebensgestaltung aufbrechen wollen.

Individualisierung, so erfahren wir von soziologischer Seite, ist eine Tatsache, die unserem Zeitalter ein spezifisches Gepräge gibt. Aber darüber hinaus, so zeigt sich bei näherer Betrachtung, stellt Individualisierung Aufgaben. Die Aufgaben, soweit bis jetzt zu sehen, bestehen vor allem im Folgenden:

- Es geht um eine Bewusstwerdung der eigenen Individualität. Dies erfordert eine neue Art des Denkens.

- Dabei entsteht ein neues Verhältnis zur Welt, das eine Orientierung jenseits des Traditionellen ermöglicht. Die Verunsicherung wird kraft der Individualität behoben – oder sie wird auf das Lebensgefühl und die sozialen Verhältnisse abgewälzt. Orientierung in der Zukunft setzt eigene Ideenfähigkeit und geistige Unmittelbarkeit voraus.

- Dabei entsteht auch ein neues Lebensgefühl, das Verantwortlichkeit für das Ganze in sich schließt: Auf *mich* kommt es an! Initiative (Handeln aus sich selbst heraus) tritt an die Stelle von bloßem Reagieren oder Warten auf Beauftragung.

- Es entsteht ein Wille zur Freiheit und auch die Möglichkeit, sich dieser schrittweise zu nähern. Freiheit ist aber kein gegebener Tatbestand, sondern entsteht infolge von Entwicklung.

- Individualisierung erzeugt auch ein neues Verhältnis zur Gemeinschaft. Dem Gefühl, von der Gemeinschaft geprägt und in ihr aufgehoben zu sein, tritt eine neue Aktivität zur Seite: Durch mein bewusstes Handeln gestalte ich nicht nur mein eigenes Leben, sondern auch die sozialen Verhältnisse mit.

Dies alles sind noch keine Ergebnisse von Individualisierung, sondern Richtungen, die der einzelne Mensch mehr oder weniger bewusst und mehr oder weniger deutlich einschlägt. Die Erfüllung der genannten Aufgaben setzt die Entwicklung von unternehmerischen Qualitäten voraus. Dass „jeder Mensch ein Unternehmer" ist oder werden kann, erscheint als Zukunftsperspektive am Horizont. In den Kapiteln 3 und 4 wird darauf näher eingegangen. – Doch zunächst noch ein Blick auf einen Spezialfall der „Individualisierung" und des „Unternehmertums", die Bedeutung der Individualität in der Arbeitswelt, wie sie sich in der Abfolge der Führungsstile in den letzten einhundert Jahren spiegelt.

Gib´ s auf!

„Es war sehr früh am morgen, die Straßen rein und leer, ich ging zum Bahnhof. Als ich eine Turmuhr mit meiner Uhr verglich, sah ich, daß es schon viel später war, als ich geglaubt hatte, ich mußte mich sehr beeilen, der Schrecken über diese Entdeckung ließ mich im Weg unsicher werden, ich kannte mich in dieser Stadt noch nicht sehr gut aus, glücklicherweise war ein Schutzmann in der Nähe, ich lief zu ihm und fragte ihn atemlos nach dem Weg. Er lächelte und sagte: ,Von mir willst Du den Weg erfahren?' ,Ja', sagte ich, ,da ich ihn selbst nicht finden kann.' ,Gibs auf, gibs auf', sagte er und wandte sich mit einem großen Schwunge ab, so wie Leute, die mit ihrem Lachen allein sein wollen."

Franz Kafka[54]

---

54 FRANZ KAFKA, Das Ehepaar und andere Schriften aus dem Nachlaß – in der Fassung der Handschrift, Frankfurt/Main 1994, S. 130

2 Führung

2.1 Individualität in der Arbeitswelt

Auch in der Berufsarbeit nimmt die Individualisierung zu. Diese Entwicklung ist noch nicht theoretisch abgesichert. Umso mehr lohnt es sich, ihre Tendenz zu verfolgen. Sie läuft hinaus auf eine zunehmende Selbständigkeit des Einzelnen.

Im Jahre 1989 äußerte der japanische Konzernchef Konosuke Matsushita bei einem Empfang vor westlichen Industriellen:

„Wir werden gewinnen, und der industrielle Westen wird verlieren. Dagegen könnt Ihr nicht viel tun, weil der Grund des Versagens in Euch selbst liegt. Nicht nur Eure Firmen sind nach dem Taylorschen Modell aufgebaut, sondern, was noch viel schlimmer ist, auch Eure Köpfe. Eure Bosse besorgen das Denken, und ihre Mitarbeiter schwingen die Werkzeuge. Im tiefsten Innern seid Ihr noch überzeugt, dies sei der einzig richtige Weg, ein Unternehmen zu betreiben. Für Euch besteht Management darin, die Ideen aus den Köpfen der Manager in die Köpfe der Mitarbeiter zu bringen ..."[55]

Damals war es noch wesentlich selbstverständlicher als heute, das Heil in Organisationen und Strukturen zu suchen und nicht so sehr in der Bewusstseinsleistung der einzelnen Menschen, in den „Köpfen". Wer heute an der Spitze des Fortschritts steht, der kann formulieren: „Führung heißt in erster Linie: Bewusstsein zu wecken mit dem Ziel, möglichst viele Mitarbeiter in eine unternehmerische Disposition zu bringen."[56] Wie ist das zu verstehen? – Die Gründe für die Überlegenheit japanischer Fabriken gegenüber europäisch-amerikanischen im Automobilbau wurden kurz nach der zitierten Äußerung des japanischen Konzernchefs durch die MIT-Studie von Womack/Jones/Roos aufgezeigt.[57] Was also ist von der These zu halten, dass

---

[55] nach GERHARD HESCH, Das Menschenbild neuer Organisationsformen. Mitarbeiter und Manager in Unternehmen der Zukunft, Aachen 2000, S. 147
[56] GÖTZ W. WERNER, „Geleitwort", in: KARL-MARTIN DIETZ, THOMAS KRACHT, Dialogische Führung. Grundlagen – Praxis. Fallbeispiel: dm-drogerie markt, Frankfurt/Main, New York 2007², S. 11
[57] JAMES P. WOMACK, DANIEL JONES, DANIEL ROOS, Die zweite Revolution in der Autoindustrie. Konsequenzen aus der weltweiten Studie aus dem Massachusetts Institute of Technology, Frankfurt/Main 1991

der weltweite Siegeszug der ostasiatischen Wirtschaft nicht so sehr durch die (meistens dem Westen entlehnte) Technik bedingt ist, sondern durch das Denken, die „Köpfe"? „Immer mehr setzt sich die Erkenntnis durch, dass nicht die Unternehmen mit der bestgefüllten Kasse langfristig die Nase vorn haben, sondern jene mit den besten Köpfen."[58] – Was hat sich in den „Köpfen" seit 100 Jahren im Hinblick auf die Unternehmensführung bewegt?

Vom Taylorismus zur Personalentwicklung

Im Wirtschaftsleben sind bis heute Menschenbilder etabliert, die von einem Gegenteil des autonomen Menschen ausgehen; allen voran der homo oeconomicus, ein Longseller aus dem 18. Jahrhundert, der inzwischen zu einer selbstverständlichen Annahme geworden ist.[59] Er besagt im Wesentlichen, dass der Mensch seinem Wesen nach

1. selbstbezogen und nutzenorientiert,

2. rational und damit berechenbar

eingestellt ist. Der homo oeconomicus erzeugt daher im Hinblick auf Mitarbeiterführung vor allem zwei Probleme:

1. Fehlendes Commitment
   Der Einzelne ist nicht aus sich heraus engagiert für das Ganze. Ich muss ihm etwas bieten, damit er etwas für mich tut. Man nennt das „Motivationstechnik" – ein zentrales Thema der Führung in der zweiten Hälfte des 20. Jahrhunderts. Sie ist jedoch inzwischen in ihrer Fragwürdigkeit erkannt und hat viel von ihrer Faszination verloren.[60]

2. Traditionsverhaftung
   Aus der rationalen Einstellung folgt eher eine Abneigung gegen alles Neue. Der homo oeconomicus arbeitet möglicherweise in seiner je gegebenen Situation effizient, aber im Zweifelsfall nicht besonders originell.

---

58 REINHARD K. SPRENGER, „Spaß oder Fluchtgedanken?", in: Wirtschaftswoche Nr. 39, 23.9.1999, S. 202
59 REINER MANSTETTEN, Das Menschenbild der Ökonomie. Der homo oeconomicus und die Anthropologie von Adam Smith, Freiburg und München 2000
60 REINHARD K. SPRENGER, Mythos Motivation. Wege aus einer Sackgasse, Frankfurt/Main 2002

Soweit der homo oeconomicus bis heute – meist wohl unreflektiert – als selbstverständlich angenommen wird, gilt „individuell" als gleichbedeutend mit „egozentriert".[61] Wenn also Bröckling das „unternehmerische Selbst" als „Abkömmling des homo oeconomicus" bezeichnet, ist dies von vornherein eine Beschränkung der Ausgangssituation.[62]

Im Gefolge dieses Menschenbildes ist auch die „wissenschaftliche Betriebsführung" von Frederik Taylor vor etwas mehr als 100 Jahren entstanden.[63] Sie beruht auf der Vorgabe jedes einzelnen Handgriffs. Die Arbeit wird dadurch effizienter, die Leistung vervielfacht sich und damit steigt auch das persönliche Einkommen des Arbeiters. Voraussetzung ist eine strikte Trennung von Planung und Durchführung, und damit ein Auseinanderfallen von Erkennen und Handeln und eine Mechanisierung der Arbeit. Folge sind u. a. Sinn-Entleerung der Tätigkeit und soziale Isolierung am Arbeitsplatz. Diese Überlegung, perfektioniert durch das Fließband (Henry Ford, 1913), hat den Siegeszug der normierten, mechanisierten Arbeitswelt im 20. Jahrhundert eingeleitet[64] – eine Entwicklung, deren Rückschläge heute allerdings gerade unter Effizenzgesichtspunkten problematisch geworden sind.[65]

Durchaus noch unter tayloristischen Gesichtspunkten begannen die so genannten „Hawthorne-Experimente" von Elton Mayo 1927 bei Western Electric in Hawthorne/Illinois. Ihnen lag die Frage zugrunde: Wie kann man die Arbeitsbedingungen so optimieren, dass die Leistungsfähigkeit weiter gesteigert werden kann? – Man änderte für eine Gruppe von Arbeiterinnen in der Relaismontage die äußeren Bedingungen, die Beleuchtung, die Ruhepausen und Arbeitszeiten und reizte zusätzlich durch Prämien zur Erhöhung der Leistung. Nach tayloristischen Gesichtspunkten hätte die Leistung dieser Gruppe größer werden müssen als die Leistung der Kontrollgruppe. „Aber das war nicht der Fall. Während ein Versuch auf den anderen folgte ..., erkannte man, daß die rein physischen Veränderungen nicht der Schlüssel zu diesem Geheimnis waren. Wie bei den früheren Versuchen stieg die Leistung stark an, wenn die Bedingungen verändert wur-

---

61 MEINHARD MIEGEL, STEFANIE WAHL, Das Ende des Individualismus. Die Kultur des Westens zerstört sich selbst, Bonn 1996, 4. Auflage 1998
62 ULRICH BRÖCKLING, Das unternehmerische Selbst. Soziologie einer Subjektivierungsform, Frankfurt 2007
63 FREDERICK WINSLOW TAYLOR, Die Grundsätze wissenschaftlicher Betriebsführung [1911], Weinheim 1995; fundamentale Kritik am Taylorismus: NIELS PFLÄGING, Führen mit flexiblen Zielen. Beyond Budgeting in der Praxis, Frankfurt/Main 2006
64 KARL-MARTIN DIETZ, Die Suche nach Wirklichkeit, Stuttgart 1988, S. 15ff.
65 JAMES P. WOMACK, DANIEL JONES, DANIEL ROOS, Die zweite Revolution in der Autoindustrie. Konsequenzen aus der weltweiten Studie aus dem Massachusetts Institute of Technology, a. a. O.

den, aber die Erzeugung stieg auch dort an, wo man keine Veränderungen vorgenommen hatte. Wie war das möglich? Die Forscher kamen zu dem Schluß, daß die Leistung in beiden Gruppen gestiegen war, weil man die Arbeiterinnen in beiden Gruppen gebeten hatte, sich am Versuch zu beteiligen, und diese Verbundenheit war offensichtlich wichtiger als äußerliche Vorteile."[66] „Offensichtlich waren die Begleiterscheinungen der Studie, die den Betroffenen das Gefühl vermittelten, daß die Arbeit und auch ihre Meinungen ernst genommen würden, entscheidender als die objektiven Experimentalbedingungen."[67] Die Ergebnisse dieser Experimente widersprachen ihrer tayloristischen Ausgangsbasis und wurden zur Grundlage für einen nächsten Entwicklungschritt in der Führungslehre. Dieser rückte vor allem Arbeitsgestaltungsmaßnahmen in den Vordergrund, die sich auf Führungsstil, Betriebsklima, die Rolle informeller Gruppen und die emotionale Bindung an den Betrieb stützen, also auf soziale und psychologische Arbeitsbedingungen.[68]

Die Ergebnisse dieser Experimente bildeten den gedanklichen Ausgangspunkt der Human-Relations-Bewegung, einer Art Gegenbewegung zum Taylorismus. Der arbeitende Mensch wurde nicht mehr als vor allem durch monetäre Anreize motivierbares und isoliert handelndes Individuum aufgefasst,[69] vielmehr als komplexes und individuelles Wesen, auf dessen emotionale Bedürfnisse nach Selbstverwirklichung man Rücksicht zu nehmen hat. Daher wird zunehmend Wert gelegt auf die zwischenmenschlichen Beziehungen, z. B. durch Gruppenarbeit und die Förderung zwischenmenschlicher Kommunikation der Beschäftigten. „Der einfache Akt, Menschen wohlwollende Beachtung zu schenken, hat sehr viel mit Produktivität zu tun."[70]

Dieser Entwicklung trägt der kooperative Führungsstil (Harzburger Modell; Führung im Mitarbeiterverhältnis)[71] Rechnung. Er enthält viele fortschrittliche Momente (Delegation von Verantwortung, Partizipation, Konsultation etc.) und ist bis heute weit verbreitet, vor allem in seiner erneuerten und entbürokratisierten Form. Gleichwohl stehen die Gesichtspunkte von Vorgabe und Kontrolle weiterhin im Zentrum der Aufmerksamkeit.

---

66 WILLIAM H. WHITE, JR., Herr und Opfer der Organisationen, Düsseldorf 1958, S. 40; siehe auch EMIL WALTER-BUSCH, Das Auge der Firma, Stuttgart 1989
67 GERHARD HESCH, Das Menschenbild neuer Organisationsformen, a. a. O., S. 84
68 ebenda, S. 85
69 ebenda, S. 85
70 THOMAS J. PETERS, ROBERT H. WATERMAN, JR., Auf der Suche nach Spitzenleistungen [1982], Landsberg 1983
71 REINHARD HÖHN, Die Führung mit Stäben in der Wirtschaft, Bad Harzburg 1961; ders., GISELA BÖHME, Führungsbrevier der Wirtschaft, Bad Harzburg 1966

Ungefähr gleichzeitig mit dem kooperativen Führungsstil des Harzburger Modells begann in den USA das Human Resource Management. Es lässt sich beschreiben als

- „den ur-amerikanischen Individualismus;

- die Wirksamkeit verborgener und starker ‚innerer Kräfte' ...;

- den Bruch zwischen den rationalen Entscheidungsmodellen des homo oeconomicus; stattdessen werden Intuition, Gespür, ‚guts', Spontaneität etc. gefordert und Management als Kunst (nicht: Technik oder Wissenschaft) etabliert;

- die Einsicht, dass MitarbeiterInnen selbsttätig und keine bloßen Werkzeuge sind, die im Rahmen des ‚human engineering' benutzt werden;

- die normative Perspektive der menschlichen *Möglichkeiten*, die verwirklicht werden sollten (Selbstverwirklichung, Wachstum, empowerment etc.)."[72]

Hierbei sind folgende Überzeugungen und Annahmen leitend:

1. Abzielen darauf, über den Vertrag hinaus zu gehen.

2. Ungeduld bezüglich bloßer Regelorientierung.

3. Unternehmensinteresse geht vor.

4. Verhaltenssteuerung durch Werte/Mission.

5. Führungsaufgabe gegenüber Mitarbeitern: Förderung.

6. Beziehungen werden durch Zielübereinstimmung gekennzeichnet.

7. Zweitrangigkeit von Konflikten.

8. Niedriger Standardisierungsgrad.[73]

Dabei liegen Verwechslungen nahe, z. B. zwischen Flexibilisierung und Individualisierung. Flexibilisierung kann die Effizienz des Unternehmens erhöhen, ohne den einzelnen Mitarbeitern Freiräume zu schaffen.[74] Und die bereits angesprochene Ambivalenz der Individualisierung kann neben dem

---

72 OSWALD NEUBERGER, Personalwesen 1, Stuttgart 1997, S. 36f.
73 Nach OSWALD NEUBERGER, Personalwesen 1, a. a. O., S. 41
74 SONIA HORNBERGER, „Die neuzeitliche Perspektive der Individualisierung und die Herausforderungen für die Personalforschung", in: Zeitschrift für Personalforschung, 16. Jahrgang, Heft 4, 2002, S. 545-562; hier: S. 551

ermöglichenden auch einen erzwingenden Charakter haben, z. B. dadurch, dass Beschäftigte sich genötigt sehen, aktiv eigene Strukturen und damit Neubegrenzungen für ihr Arbeitshandeln zu entwickeln: „Mechanismen der Selbstantreibung", „Zumutungen der Selbstregulation", „fremdorganisierte Selbstorganisation", „Zwang zur Selbstverwirklichung".[75] So können sich „klassische" und „neuzeitliche" Individualisierung als gegenläufig herausstellen: Erhöhung der Motivation und Leistungsbereitschaft der Beschäftigten, freiwillig und selbstbestimmt (klassische Individualisierung), auf der anderen Seite Erhöhung unternehmerischer Flexibilität, verordnet, fremdbestimmt (neuzeitliche Individualisierung).[76]

Unter der Bezeichnung „Individualisierung" verbergen sich hier recht verschiedene Absichten und Maßnahmen. Das gilt es zu durchschauen. Jede „Humanisierung am Arbeitsplatz" dient letztlich der Steigerung der Effizienz. Das Denken hat sich in den von Matsushita angesprochenen „Köpfen" offenbar nicht wesentlich geändert. Das Individuum soll im Rahmen der gesetzten Aufgaben funktionieren. Da es jedoch gegenüber dem 19. Jahrhundert anspruchsvoller geworden ist, macht man ihm Zugeständnisse. Man ist um sein Fortkommen besorgt und betreibt „Personalentwicklung".

Was ist Personalentwicklung? „Personal ist ein Sammel- oder Summenbegriff, ein Kollektivsingular, ein Neutrum: Das Personal! Früher wurde das anonyme Dienstpersonal (vor dem Herrn waren sie alle gleich) den persönlich identifizierten Herrschaften gegenüber gestellt bzw. unterstellt."[77]

Dass nicht der Mensch im Mittelpunkt des Unternehmens steht, sondern das Geld, wird von anderer Seite deutlich gemacht: „Unter betriebswirtschaftlicher Perspektive stellt der Mitarbeiter einen Produktionsfaktor dar, der unter Anlegung ökonomischer Kriterien für die betriebliche Leistungserstellung dann eingesetzt wird, wenn

a) sein Leistungsbeitrag für die Unternehmung höher ist als der für die Leistungsabgabe notwendige betriebliche Aufwand, und

b) sein Leistungsbeitrag nicht wirtschaftlicher von einem maschinellen Aufgabenträger erbracht werden kann."[78]

---

75   ebenda, S. 554
76   SONIA HORNBERGER, Individualisierung in der Arbeitswelt aus arbeitswissenschaftlicher Sicht, Karlsruhe 2004, S. 53
77   OSWALD NEUBERGER, Personalentwicklung, Stuttgart 1994^2, S. 9
78   WINFRIED HAMEL, „Individualisierung – Neue Herausforderung der Personalwirtschaft?", in: HANS JÜRGEN DRUMM (Hg.), Individualisierung der Personalwirtschaft. Grundlagen, Lösungsansätze und Grenzen, Bern und Stuttgart 1989, S. 60

Neuberger fügt hinzu: „Der Mensch ist Mittel. Punkt." Und er erläutert: „Frei entfaltete Persönlichkeiten sind eine Chance für das Unternehmen, in ihrer Häufung aber mehr noch ein Risiko, das man durch Personal-Entwicklung zu beherrschen sucht."[79] – *Wie* versucht man dieses Risiko zu beherrschen? „Die erlebte Einschränkung der Freiheit provoziert Gegen-Handlungen – also darf die Beschränkung nicht bewußt werden. Deshalb werden *indirekte* Steuerungsmethoden bevorzugt und auch aus diesem Grund hat Unternehmenskultur als ‚Herrschaft dritten Grades' Konjunktur. Aus der Steuerungsperspektive scheint es ideal, wenn die Leute frei & willig wollen, was sie sollen. Trotz verbergender Rhetorik wird sichtbar, daß sie nicht so sehr frei, als vielmehr willig sein sollen."[80]

„Freiheit" also: Nichts als ein Motivationstrick?! – Das alles sind ja keine böswilligen Behauptungen eines Fernstehenden, sondern sie entstammen einem seriösen Lehrbuch der Personalentwicklung. Lässt sich eine zynische Haltung dem einzelnen Menschen gegenüber vermeiden, ohne dass dabei die Effizienz des Handelns sinkt? Man kann sich des Eindrucks nicht erwehren, dass die Verhältnisse seit Taylor in einer gewissen Hinsicht eher unangenehmer geworden sind. Dort wurde jede Körperbewegung vorgegeben, hier manipuliert man das Denken. Dort wurde mit offenen Karten gespielt, hier werden die „Entwicklungsmaßnahmen" verbrämt. Sie dienen vorgeblich dem individuellen Fortkommen des Mitarbeiters, in Wirklichkeit aber den Zielen des Arbeitgebers.

Auch die Human-Relations-Bewegung wird letztlich in diesem Sinne eingesetzt. Sie federt die Führungsmaßnahmen durch die Herstellung emotionaler Zufriedenheit ab. Gewachsen ist seit langem zweifellos der Faktor „Unaufrichtigkeit" in der Führung und damit eine Reduktion von Menschenwürde – eine Art „Pseudo-Individualisierung" in der Arbeitswelt. Es scheint daher geboten, einmal die Frage anders herum zu stellen: Gibt es zu der beschriebenen Entwicklung eine Alternative, bei der nicht Machtansprüche, Unaufrichtigkeit und verborgener Zynismus das Feld beherrschen, sondern die Beziehungen zwischen dem Unternehmen und den einzelnen Mitarbeitern über die Erreichung kurzfristiger Ziele („Quartals-Zahlen") hinaus um ihrer selbst willen geschätzt werden?[81] Dazu ist es notwendig, sich zunächst einige grundlegende Merkmale von „Führung" vor Augen zu halten.

---

79 OSWALD NEUBERGER, Personalentwicklung, a. a. O., S. 9
80 ebenda, S. 9f.
81 PETER M. SENGE, Die fünfte Disziplin, New York 1990, Stuttgart 2001, S. 177f.

2.2 Die Blickrichtungen von Führung

Wer Verantwortung trägt, richtet seine Aufmerksamkeit im Allgemeinen auf vier Aufgabengebiete:

- Die beteiligten Menschen
  Sie sind die Träger des gesamten Geschehens im Unternehmen.

- Die gegebene Situation
  Sie ist nicht einfach die Summe dessen, was die Menschen im Unternehmen tun, sondern enthält z. B. Rahmenbedingungen, Ressourcen, Traditionen, Gewohnheiten, verabredete Zielsetzungen usw.; gemeint ist das Ganze des Unternehmens, so wie es in der Gegenwart existiert.

- Die Zukunft
  Sie gewährleistet die Überlebensfähigkeit des Unternehmens. Aus ihr kommen Impulse zur Weiterentwicklung.

- Das eigene Handeln
  Es bestimmt durch Mit- und Einwirken den Anteil des Einzelnen am Unternehmensgeschehen.

Mit den vier Blickrichtungen sind Arbeitsziele für die Führungspersönlichkeiten verbunden. Im traditionellen Verständnis könnte man sie so fassen:

- Wie bekomme ich meine Leute dazu, effizient zu arbeiten?

- Wie gewinne und behalte ich den Überblick?

- Wie plane und sichere ich die Zukunft des Unternehmens?

- Wie setze ich mich durch?

Damit sind zugleich Anforderungen bezeichnet, die von Führungspersönlichkeiten erfüllt werden müssen, bei denen jedoch die Einzelnen immer wieder an ihre Grenzen stoßen: Ich bräuchte eine Idee, aber mir fällt nichts ein! Ich bräuchte den Durchblick, aber mir fehlt entweder die Information oder die Urteilsfähigkeit usw. – Im hierarchischen System werden die Blicke von einzelnen Chargierten oder von kleinen Stäben geleistet. Die Anforderungen der Individualisierung bringen es jedoch mit sich, dass tendenziell jeder Mitarbeiter in die Lage kommt, eigenständig zu werden im Hinblick auf Überblick, Ideenfähigkeit, Entschlusskraft usw. Was früher Führungs-leistung weniger Spitzenleute war, wird mehr und mehr Herausforderung für jeden Einzelnen. Die „Führenden" müssen sich nur klarmachen, was sie von ihren Mitarbeitern erwarten:

- dass er/sie funktioniert?
  Ich kann erwarten, dass meine Vorgaben in allen Details erfüllt werden.

- dass er/sie eigenständig agiert?
  Der Anlass zum Handeln kommt von mir – der Ablauf geht „von selbst" auf Grund von Gewohnheiten oder traditionellem Wissen.

- dass er/sie mitdenkt mit dem Ganzen?
  Der Ablauf wird vom Mitarbeiter individuell gestaltet, er ist nicht einfach vorprogrammiert.

- dass er/sie das Ganze mit-verantwortet?
  Auch die Anlässe zum Handeln können vom Mitarbeiter selbst gese-hen werden und müssen nicht mehr unbedingt „von mir" kommen.

Je mehr eigenständig mitgedacht und mitwahrgenommen wird, umso mehr können Anordnung und Kontrolle durch Verständnis und Verständi-gung ersetzt werden und es steigt zugleich die Qualität des Arbeitsplatzes. Führungsleistung besteht dann in der zunehmenden Verselbständigung (Autonomisierung) des Einzelnen im Hinblick auf die unternehmerischen Blickrichtungen. Nicht nur ich, der „Führende", sondern möglichst viele meiner Mitarbeiter nehmen diese Blickrichtungen selbständig wahr und können daraus handeln.

> *Ich habe ihn zum General gemacht, damit er weiß,*
> *wann er nicht zu gehorchen hat.*
>
> Friedrich der Große[82]

Das setzt zwei Dinge voraus: Ermöglichung der Autonomie von außen (Freiraum und technische Hilfsmittel) und innere Autonomie als Folge von Persönlichkeitsentwicklung. – Hier liegt bereits eine erste Klippe. Persönlich-keitsentwicklung, die auf individuelle Eigenständigkeit angelegt ist, ist nicht

---

82 nach ERNST ZANDER, Goethe und die Menschenführung, München 2003, S. 14

zu verwechseln mit der im ersten Abschnitt erwähnten Personalentwicklung. Den „freien Geist" kann man weder programmieren noch trainieren (s. o.).

Bevor wir in einem späteren Kapitel (4) auf einige individuelle Grundzüge der Persönlichkeitsentwicklung eingehen, kann zunächst einmal konstatiert werden: Wer nach einer Führungskultur sucht, die mit der Individualität und Eigenständigkeit des Menschen rechnet, für den knüpfen sich an die vier unternehmerischen Blickrichtungen andere Fragen als die oben genannten:

2.3 Die Kernfragen

1. Die Menschen
   Wie kann die Würde des (einzelnen) Menschen hoch gehalten werden? Wie wird der Einzelne von den anderen in seiner Entwicklung gefördert?

2. Die gegebene Situation
   Wie kommt jeder Einzelne zu seinem Blick auf das gemeinsame Ganze? Wie entsteht aus der Eigenständigkeit der Einzelnen das Ganze?

3. Zukunft
   Wie werden möglichst viele Mitarbeiter kreativ?
   Wie fließt die Originalität der Einzelnen in die Zukunft des Unternehmens ein?

4. Handeln
   Wie werden möglichst viele Mitarbeiter initiativ?
   Wie kommt aus der Verantwortlichkeit der Einzelnen gemeinsames Handeln zustande?

Die Fragestellungen erschließen jeweils einen Umkreis von Sachverhalten und Problemen:

1. Die Menschen
Die Mitwirkenden und ihre je individuellen Fähigkeiten rücken ins Zentrum der Aufmerksamkeit. Das Kapital des Unternehmens sind die Mitarbeiter. Der geläufige Ausdruck „Humankapital" ist ambivalent. Er enthält die Anerkennung der Unentbehrlichkeit, hält jedoch Distanz zum Einzelnen. Der einzelne Mensch ist aber nicht einfach die Summe seiner einsetzbaren Fähigkeiten, sondern er ist

in erster Linie Mensch. Dieser Mensch ist entwicklungsfähig aus sich selbst heraus. Beim Kind und Jugendlichen ist das gar keine Frage. Beim Erwachsenen tritt die Entwicklungsfähigkeit oftmals in den Hintergrund. Wird sie aber berücksichtigt, dann sieht „Führung" im Hinblick auf die Menschen anders aus:

Ohne menschliche Wertschätzung gibt es keine effiziente Mitarbeit. Das wird – falls es überhaupt des Beweises bedarf – belegt durch eine Untersuchung in „Fortune", „The 100 Best Companies to Work for in America".[83] Interessant sind die Begründungen: Warum bleiben Mitarbeiter einem Unternehmen treu? Die drei wichtigsten Gesichtspunkte:

1. Spaß: Warmes, sozial-emotionales Klima;

2. Flexibilität, da sich darin das Gefühl niederschlägt, „als Individuum vom Unternehmen anerkannt zu werden";

3. Stolz auf „sinnvolle Arbeit" und „ein wertbezogenes ‚ungetrenntes' Leben".

„Geld erwähnte niemand." – Der Zug zum Allgemein-Menschlichen spricht sich auch in den Anforderungen an neue Mitarbeiter aus. Die heute gesuchten individuellen Fähigkeiten (Kreativität, Überblick usw.) wären vor 50 Jahren noch der Schrecken jedes Vorgesetzten gewesen. Heute sind sie geschätzt, aber die Konsequenz aus dieser Tatsache für die Führung ist noch nicht überall gezogen.

Um Kreativität oder Verantwortlichkeit zu entwickeln, wird Freiraum benötigt. Dieser darf keine Spielwiese, er muss lebensecht sein und reale Entscheidungsfreiheiten enthalten. Alle Versuche, Mitarbeitern mit eng umgrenzten Vorgaben Kreativität abzunötigen oder großzügig gewährte Freiräume durch rigide Kontrollsysteme ad absurdum zu führen, müssen scheitern. Geistige Leistung verträgt keine Doppelbödigkeit.

Alles dies hat unermessliche Folgen für die Führung eines Unternehmens: Ein (verantwortlicher) Mitarbeiter kann nur dann erfolgreich mitarbeiten, wenn er an der Führung des Unternehmens in geeigneter Weise, z. B. auch partiell oder temporär, beteiligt ist. Er muss die Gesamtheit des Unternehmens im Bewusstsein haben und

---

83 REINHARD K. SPRENGER, „Spaß oder Fluchtgedanken?", a. a. O., S. 202-204

seinen Arbeitsbereich selbst gestalten können. Führung wird heute mehr denn je zur Anregung eigenständiger Arbeit.

2. Die Wirklichkeit des Unternehmens

In traditionellen Führungsverhältnissen genügt es, wenn einige Wenige das Ganze überblicken. Aus den genannten Gründen genügt das heute nicht mehr. Vielmehr müssen sich tendenziell alle Mitwirkenden selbständig in das Ganze des Unternehmens einbringen können. Sie müssen einen möglichst großen „Durchblick" haben. Der beruht nicht nur auf Informiertheit (durch andere), sondern auch auf (eigener) Urteilsfähigkeit. Das „Ganze" ist ohnehin nicht monokausal oder punktuell zu begreifen, sondern systemisch (Näheres dazu findet sich in den Kapiteln 3 und 4).

3. Führung und Zukunft

Im Jahre 1970 hat Alvin Toffler mit dem Begriff „Zukunftsschock" auf eine neuartige Herausforderung hingewiesen.[84] Er charakterisierte damit die zunehmende Innovationsgeschwindigkeit innerhalb der zivilisierten Welt, die kaum noch mit dem Bewusstsein zu verfolgen ist. Wenn ein Unternehmen heute überleben will, muss es sich ständig Neues einfallen lassen. Das können die Produkte selbst sein, aber auch die Logistik, die Marketingmaßnahmen oder die Unternehmenskommunikation. Früher konnte ein erfolgreiches Produkt über lange Zeit gleich bleibend produziert werden. Heute geht es nicht nur darum, den ständigen Veränderungen gewachsen zu sein, sondern man muss sich möglichst an deren Spitze setzen. Das erfordert Kreativität, nicht nur Flexibilität. Nur demjenigen, dem die Zukunft gehört, gehört auch die Gegenwart.

4. Führung als Entscheidungskompetenz

Aus dem Bisherigen ergibt sich, dass auch die Entscheidungsvorgänge mehr und mehr individualisiert werden müssen. Das betrifft nicht nur die Entscheidungskompetenz als solche, sondern auch das mentale „Mitleben" mit den Entscheidungen der anderen (Vorgesetzte, Partner etc.). Man muss deren Entscheidungen verstehen, einsehen und mittragen können. Es geht hier weniger um die traditionelle Frage, wer bestimmt oder mitbestimmt; sondern darum, dass möglichst viele Menschen im Unternehmen in die Entschlüsse

---

84 ALVIN TOFFLER, Der Zukunftsschock [1970], deutsch München 1974

innerlich einsteigen können oder an ihnen beteiligt sind. „Entscheidungen werden dort gefällt, wo Wissen ist."[85] Das ist nicht nur für die (subjektive) Mitarbeiterzufriedenheit von großer Bedeutung, sondern auch für den (objektiven) Unternehmenserfolg. Denn entscheidungslose Mitarbeiter werden bald auch gedanken- und ideenlos. – Andererseits gilt genauso: Wo die Entscheidung liegt, liegt auch die Verantwortung für das zu Entscheidende und seine Konsequenzen im Rahmen des Ganzen. Und umgekehrt. Jemandem die Verantwortung aufzuerlegen, der an der Entscheidung nicht beteiligt war, gerät leicht zum Zynismus. Und entscheiden zu wollen ohne Verantwortung zu übernehmen, fördert nur Traumtänzerei. Letzteres ist vor allem bei Gremien-Entscheidungen zu bedenken.

Die Orientierung an den vorgenannten Prozessen setzt der Führung eine Doppelaufgabe, unabhängig davon, wer sie im Einzelnen ausübt. Auf der einen Seite geht es darum, aus dem Bewusstsein für das Ganze zu konkreten, eigenständigen Handlungen anzuregen. Zum anderen gilt es, die eigenständigen Handlungen der Einzelnen zu einem gemeinsamen Ganzen zusammenzuführen. „Führung" wird so zur Integration von zwei Tätigkeitsrichtungen: Die eine führt aus einer das Ganze umfassenden Bewusstseinsleistung zur Einzelhandlung, die andere zum Einordnen der einzelnen Handlungen in einen Gesamtzusammenhang. Diese Bewegungen sind nicht isolierbar. Sie verlaufen synchron. Das Ganze entsteht durch die Einzelhandlungen. Und die einzelne Handlung erhält ihren Sinn und Wert im Gesamtzusammenhang. Das kann man nicht gegeneinander ausspielen. Eine Führungskraft im Zeitalter der Individualisierung erfüllt ihre Aufgabe um so besser, je direkter sie beide Bewegungen zusammenzubringen vermag. Weder geht es um ein Funktionieren in einem gegebenen Gesamtzusammenhang noch um die Produktion von Gesamtsinn, dem keine Einzelmaßnahmen entsprechen. Dieser Antagonismus kann durch nachfolgendes Schema veranschaulicht werden:

---

85   WOLFGANG LOTTER, „Goodbye Johnny", in: Brand Eins 02/2006, S. 58

Der Antagonismus von Führungsleistung:

Für Orientierung im Ganzen sorgen
(gesellschaftlich, ökonomisch, ökologisch)

Aus Verantwortung für das Ganze individuell handeln

Aufgaben in Zielsetzungen verwandeln – Prozesssteuerung – Spiegelung – Repräsentation

zusammenführen

Führung als Integrationsaufgabe

anregen

Wahrnehmung – Beurteilung – Abstimmung – Organisation

Die Leistungen der Einzelnen zusammenführen

Individuelle Fähigkeiten herausfordern

2.4 Dialogische Führung

Den Anforderungen der beschriebenen Art wird Rechnung getragen durch „Dialogische Führung".[86]

Bei der Dialogischen Führung kommt es nicht auf vorab festgelegte Strukturen oder Verfahren an. Die sind ja per se immer „von gestern" und banalisieren oder behindern die unternehmerischen Qualitäten der Einzelnen. Vielmehr geht es um geregelte Gestaltungsprozesse, denen Bewusstseinsleistungen zugrunde liegen. Diese reichen von einer Generie-

---

86 KARL-MARTIN DIETZ, Dialog. Die Kunst der Zusammenarbeit, Heidelberg, 2. Auflage 2001; KARL-MARTIN DIETZ, THOMAS KRACHT, Dialogische Führung, a. a. O.

46

rung innerer Haltungen über die Aufmerksamkeit auf das große Ganze bis hin zur situativen Geistesgegenwart, aus der Taten entspringen können. Wir unterscheiden im Anschluss an die vorigen Betrachtungen vier Blickrichtungen der Führung:

1. Individuelle Begegnung im Hinblick auf die Menschen.
   Interesse am individuellen Menschen statt Rollenverhalten oder Instrumentalisierung des Anderen.

2. Transparenz im Hinblick auf die gegebene Situation.
   Eigenständigkeit des Einzelnen statt Machtwissen oder Meinungsdiktatur.

3. Beratung und Ideenbildung im Hinblick auf die Zukunft.
   Kreativität statt Tradition oder struktureller Vorgaben.

4. Entschlusskraft im Hinblick auf das tatsächliche Handeln.
   Handeln aus Initiative statt Selbstverwirklichungsmentalität oder Beauftragung.

Dialogische Führung ist nichts Sanft-Alternatives. Sie fordert den Einzelnen stärker als eine Führung durch Anweisung und Kontrolle. Gleichzeitig bezieht sie ihn umfänglicher in die Arbeit ein. Der gefühlte Unterschied zwischen Arbeit und „Leben" vermindert sich. Der Mensch wird ernst genommen und darf (muss) sich selbst ernst nehmen. Seine Eigenständigkeit beruht nicht einfach auf der Aufweichung von Führungshierarchie durch Partizipation u. ä. Dialogische Führung geht insoweit über kooperative oder systemische Führung hinaus. Sie wird zum „Nährboden für die Entwicklung des Individuellen in der Gemeinschaft."[87]

Die damit verbundenen Führungsaufgaben können vorläufig so beschrieben werden:

1. Dem einzelnen Menschen die Entwicklung im Gesamtgeschehen ermöglichen;

2. den gegebenen Verhältnissen in ihrer Komplexität gewachsen sein;

3. produktive Fähigkeiten anregen und realisieren;

4. die eigenständigen Tätigkeiten der Einzelnen zu einem Ganzen verbinden.

---

87   GÖTZ W. WERNER, Führung für Mündige, Karlsruhe 2006, S. 20f.

Auf jeder dieser Ebenen haben wir es mit einem doppelten Vorgang zu tun. Das Individuum durchdringt mehr und mehr die gemeinschaftlichen Vorgänge. Zugleich wächst das Individuelle an dieser Herausforderung.

Dialogische Führung hat, wie bereits gezeigt, ihren Ursprung in der gesteigerten Bewusstseinsleistung des einzelnen Menschen. Sie wirkt sich jedoch nicht nur unmittelbar auf die sozialen Verhältnisse im Unternehmen, sondern auch auf die Abläufe der Zusammenarbeit aus. So ist sie geeignet, die negativen Begleiterscheinungen hierarchischer Führung aufzuheben:

1. Der oft beklagte Streuverlust zwischen „ganz oben" und „ganz unten" wird durch dialogisches, d. h. eigenverantwortliches und an den sachlichen Anforderungen orientiertes Vorgehen gemildert.

2. Die Tendenz zur gegenseitigen Abschottung der Abteilungen innerhalb eines Unternehmens (Herstellung, Vertrieb, Logistik usw.), die durch organisatorische Maßnahmen nicht vollständig zu beseitigen ist, verliert ihren Schrecken, wenn der Einzelne versucht, aus dem Bewusstsein des Ganzen zu handeln und wenn er dazu auch in der Lage ist (z. B. durch eine Kultur der Transparenz).

3. Hierarchie führt zur Ausrichtung nach Vorgesetzten statt zu einer eigenständigen Berücksichtigung der Rahmenverhältnisse des Unternehmens wie Kundenbedürfnisse, Ressourcen, Rechtsverhältnisse, wirtschaftliche Gegebenheiten. Hierarchie verengt den Blick des Einzelnen auf die Umfeldgegebenheiten. Es besteht die Tendenz, dass nur die Spitze der Hierarchie diesen Blick wirklich pflegt, dies aber kaum allein leisten kann. Dadurch entsteht für das Gesamtgeschehen im Unternehmen so etwas wie ein kognitiver Engpass. Dieser verschwindet, wenn die Unternehmenskultur vorsieht, dass jeder einzelne (verantwortliche) Mitarbeiter an seiner Stelle die internen und externen Gegebenheiten des Unternehmens selbständig wahrnimmt und in sein Handeln einbezieht.

Diese Konsequenzen des dialogischen Vorgehens für das Gesamtgeschehen können hier nicht in allen Einzelheiten beschrieben werden. Sie stellen sich in dem Maße ein, in dem die dialogischen Prozesse zum Tragen kommen. Diese werden im nächsten Kapitel vorgestellt.

*Uns einen Führer suchen, das heißt für uns, dass wir uns selber su-
chen. Ein Führer, das ist einer, der die anderen unendlich nötig hat.*

Antoine de Saint-Exupéry

Zwischentief: Person als Ware?
– ein Text von Erich Fromm –

Das Gefühl der Isolierung und Ohnmacht des heutigen Menschen wird noch durch den Charakter seiner menschlichen Beziehungen verstärkt. Die konkreten Beziehungen zwischen den Menschen haben ihren unmittelbaren und humanen Charakter verloren. Statt dessen manipuliert man einander und behandelt sich gegenseitig als Mittel zum Zweck. In allen persönlichen und gesellschaftlichen Beziehungen gelten die Gesetze des Marktes. Es liegt auf der Hand, daß die Menschen einander gleichgültig sein müssen, wenn sie Konkurrenten sind. Andernfalls könnten sie ihre wirtschaftliche Aufgabe nicht erfüllen, sich gegenseitig zu bekämpfen, und notfalls auch nicht davor zurückzuschrecken, sich gegenseitig wirtschaftlich zugrunde zu richten. Gleichgültigkeit charakterisiert auch die Beziehung zwischen Arbeitgeber und Arbeitnehmer. Das englische Wort für Arbeitgeber (*employer* von to *employ* = verwenden, gebrauchen) besagt alles: Der Kapitaleigner verwendet ein anderes menschliches Wesen so, wie er eine Maschine „verwendet". Arbeitgeber und Arbeitnehmer benutzen sich gegenseitig zur Erreichung ihrer wirtschaftlichen Interessen; sie sind sich in ihrer Beziehung beide Mittel zum Zweck. Es handelt sich nicht um eine Beziehung zwischen zwei menschlichen Wesen, die ein Interesse aneinander haben, abgesehen davon, daß sie sich gegenseitig von Nutzen sind.

Die gleiche Instrumentalität beherrscht auch die Beziehung zwischen dem Geschäftsmann und seinem Kunden. Der Kunde ist ein Objekt, das manipuliert werden muß, und keine konkrete Person, deren Wünsche der Geschäftsmann befriedigen möchte. Auch die Einstellung zur Arbeit ist vom gleichen Geist erfüllt. Im Gegensatz zum mittelalterlichen Handwerker ist der moderne Fabrikant nicht in erster Linie daran interessiert, was er produziert; er möchte vor allem erreichen, daß das von ihm investierte Kapital Profit bringt, und was er jeweils produziert, hängt im Wesentlichen davon ab, ob gerade dieser Zweig des Marktes ihm Gewinn verspricht.

Genauso entfremdet sind die Beziehungen der Menschen untereinander. Es ist, als ob es sich nicht um Beziehungen zwischen Menschen, sondern um solche zwischen Dingen handelte. Am verheerendsten aber wirkt sich dieser Geist der Instrumentalisierung und Entfremdung auf die Beziehung des Menschen zu seinem Selbst aus. (Hegel und Marx haben die Grundlage für das Verständnis des Problems der Entfremdung gelegt. Vgl. insbesondere die Begriffe „Warenfetischismus" und „Entfremdung der Arbeit" bei Marx.) Der Mensch verkauft nicht nur Waren, er verkauft auch sich selbst und fühlt sich als Ware. Der Handarbeiter verkauft seine Körperkraft; der Geschäftsmann, der Arzt, der Büroangestellte verkauft seine „Persönlichkeit". Sie müssen „eine Persönlichkeit" sein, wenn sie ihre Erzeugnisse oder Dienstleistungen verkaufen wollen. Diese Persönlichkeit sollte liebenswürdig sein, aber ihr Besitzer sollte auch noch eine Reihe anderer Erwartungen erfüllen: Er sollte Energie und Initiative besitzen und was sonst noch seine spezielle Stellung erfordert.

Wie bei anderen Waren ist es auch hier der Markt, der über den Wert dieser menschlichen Eigenschaften, ja sogar über deren Existenz entscheidet. Wenn für die Eigenschaften, die ein Mensch zu bieten hat, kein Bedarf besteht, dann *hat* er sie auch nicht, genauso wie eine unverkäufliche Ware wertlos ist, wenn sie auch ihren Gebrauchswert haben mag. Demnach ist auch das Selbstvertrauen, das „Selbstgefühl", nur ein Hinweis darauf, was die anderen über einen denken. Es ist nicht „er", der von seinem Wert ohne Rücksicht auf seine Beliebtheit

51

und seinem Erfolg auf dem Markt überzeugt ist. Wenn Nachfrage nach jemandem besteht, dann ist er „wer"; wenn er nicht beliebt ist, dann ist er schlichtweg niemand. Diese Abhängigkeit der Selbstachtung vom Erfolg der Persönlichkeit des Betreffenden verleiht der Popularität ihre ungeheure Bedeutung für den modernen Menschen. Von ihr hängt es nicht nur ab, ob man im praktischen Leben vorankommt, sondern auch, ob man seine Selbstachtung behaupten kann oder in einen Abgrund von Minderwertigkeitsgefühlen versinkt.[88]

---

88 ERICH FROMM, Authentisch leben, Freiburg 2006, S. 84-86

3 Dialog

„Dialog" ist, wörtlich genommen, ein Prozess, durch den der Logos hindurch geht (dia = durch). Vom „Logos" sprach als erster Heraklit von Ephesus (5. Jahrhundert v. Chr.). Er bezeichnete damit die unvergängliche Wirkungskraft in der Welt, die alle Dinge steuert und deren „Werke" die Naturdinge sind. Gleichzeitig, so Heraklit, lebt der Logos auch in der Seele des Menschen. Im Unterschied zur Natur draußen ist hier aber seine Wirkung noch nicht abgeschlossen. Der Logos ist noch am Werk. „Der Seele ist Logos eigen, der sich selbst mehrt."[89] Logos ist diejenige Kraft, die sowohl in der Welt wirkt als auch im Menschen dasjenige darstellt, was man heute als „Ich" bezeichnet. Mit „Dialog" ist also eine Art des Zusammenwirkens gemeint, in dem der Logos als Wirkprinzip der Welt anwesend ist und in dem sich das Ich jedes einzelnen Menschen aufrecht erhält. Den Logos in mir „aufrecht zu halten" ist eine unnachahmliche Formulierung der Stoiker für die Forderung des Menschen an sich selbst nach angemessener Lebensführung. Die Stoiker sahen sich damit in der Nachfolge Heraklits.[90] – Eine Zusammenarbeit in diesem Sinne ist „dialogisch", wenn sie von Mensch zu Mensch, von Ich zu Ich und zugleich direkt auf die Wirklichkeit geht. Dass seit Sokrates († 399 v. Chr.) „Dialog" auch eine bestimmte Art des Miteinander-Sprechens meint, ist ein Spezialfall davon. Auch Sokrates ging es darum, in allem menschlichen Verkehr dem Logos Geltung zu verschaffen.[91] Der sokratische Dialog ist charakterisiert durch die Verantwortlichkeit des Gesprächspartners für das, was er denkt, die Fähigkeit zur Selbstdistanzierung (Ironie) und die Bemühung um eine Begriffsbildung, die der Wirklichkeit verpflichtet ist.

Insofern ist der Begriff „Dialog", wie er im vorliegenden Zusammenhang verwendet wird, umfassender als derjenige, der sonst, zumeist in der Nachfolge Martin Bubers, gebraucht wird. Bei Buber ist das Dialogische auf den zwischenmenschlichen Umgang, auf die Achtung des anderen Menschen als „Du" fokussiert. Diese bedeutende Leistung Bubers bewegt sich im Umfeld desjenigen dialogischen Prozesses, den wir „individuelle

89 HERAKLIT, Fragment 115, enthalten z. B. in: KARL-MARTIN DIETZ, Heraklit von Ephesus und die Entwicklung der Individualität, Metamorphosen des Geistes 3, Stuttgart 2004
90 MAX POHLENZ, Die Stoa. Geschichte einer geistigen Bewegung, Göttingen (1959) 1978, S. 324
91 Siehe KARL-MARTIN DIETZ, Heraklit von Ephesus ..., a. a. O.

Begegnung" nennen (siehe unten). Wir fügen jedoch der individuellen Begegnung noch drei weitere Aspekte des Dialogischen hinzu, die in der Auffassung Bubers nicht oder nur am Rande enthalten sind.

Ich setze diese Unterscheidung hier gleich an den Anfang des Kapitels, da der von uns geprägte Begriff „Dialogische Führung" erfahrungsgemäß leicht Missverständnisse hervorruft. Von einigen wird er alltagssprachlich aufgefasst als eine „Führung", bei der man alles miteinander bis zur Ermüdung beredet. Oder unser Dialogverständnis wird ohne nähere Prüfung mit dem Bubers identifiziert, das inzwischen von David Bohm, J. und M. Hartkemeyer, William Isaacs und anderen aufgegriffen wurde.[92] Man wundert sich dann, was „Dialog" und „Führung" miteinander zu tun haben sollen. – Auf der anderen Seite ist „Dialog" im hier gemeinten Sinne so ziemlich das Gegenteil einer alltagssprachlichen Auffassung, die sich seit den 1980er Jahren epidemisch verbreitet hat: zum anderen nett zu sein, ohne ihn wirklich ernst zu nehmen – eine Art von „Toleranz", die auf Abwesenheit von Interesse beruht. Nehme ich den anderen Menschen aber ernst, dann muss ich seine Autonomie achten, seinen Willen und seine Fähigkeiten. „Achten" heißt gerade nicht, über offenkundige Unzulänglichkeiten hinwegzusehen, sondern in die Auseinandersetzung damit einzutreten; eben: sie „ernst" zu nehmen. Daraus ergibt sich alles Weitere im Grunde von selbst: Wie stütze ich den anderen in seiner Eigenständigkeit (Urteilsfähigkeit, Kreativität, Initiative) und wie ermögliche ich effiziente Zusammenarbeit unter eigenständigen Menschen?

Dialog im hier gemeinten Sinne zielt auf eine Neugestaltung der Kultur. Dialog ist geeignet, individuelle Eigenständigkeit und Gemeinsamkeit – die traditionellen Antipoden – zu versöhnen und sich zugleich produktiv erkennend und handelnd in die Wirklichkeit hineinzustellen. Die heute verbreitete Sorge um die eigene Person (vgl. manche Formen von „Beziehungsarbeit", „Basteln an der Biografie", „Psychoszene", „Selbstverwirklichung", „Narzissmus" usw.) wird ihrer Einseitigkeit entkleidet und kann so in Einklang gebracht werden mit gemeinschaftlicher Leistung und der notwendigen Effizienz des Handelns in Organisationen und Unternehmen. Im Zuge eines „dialogischen" Vorgehens wird der Mensch aus dem Gefängnis seiner Subjektivität ebenso befreit wie aus der üblichen Fremdbestimmung in der Arbeitswelt.

---

[92] DAVID BOHM, Der Dialog, Stuttgart 2000; MARTINA HARTKEMEYER, JOHANNES F. HARTKEMEYER, L. FREEMAN DHORITY, Miteinander denken. Das Geheimnis des Dialogs, Stuttgart 1998; WILLIAM ISAACS, Dialog als Kunst, gemeinsam zu denken. Die neue Kommunikationskultur in Organisationen, Bergisch Gladbach 2002; JOHANNES F. und MARTINA HARTKEMEYER, Die Kunst des Dialogs. Kreative Kommunikation entdecken, Stuttgart 2006

54

Dialogische Führung erzeugt eine Kultur, in der die Eigenständigkeit der Einzelnen vorausgesetzt und zugleich gefördert wird. Sie ermöglicht geistige Produktivität und regt die Beteiligten zur Selbstführung an. Wie das geschehen kann, wird im Folgenden an Hand von vier dialogischen Prozessen etwas eingehender beschrieben. Diese entstehen aus individueller Aufmerksamkeits- und Gestaltungsbemühung. Sie sind keine Strukturvorgaben oder Verfahrensmuster, die man vorab definieren und dann „einführen" könnte. Die dialogischen Prozesse stellen vielmehr so etwas wie die soziale Technik des unternehmerischen Menschen dar.[93] Sie setzen die Einsicht und den Willen der Beteiligten voraus.

3.1 Individuelle Begegnung

Alles wirkliche Leben ist Begegnung.

Martin Buber[94]

Individuelle Begegnung pflegt das Verhältnis von Individualität zu Individualität. In den Anforderungen des Alltags gibt man sich oftmals damit zufrieden, sich nur zu *„den* anderen" als Gruppe in Beziehung zu denken oder deren Mitglieder in einer „Rolle" zu sehen. Dann von „Gemeinschaft" zu sprechen, bliebe jedoch abstrakt. Es führte dazu, wie Martin Buber mit Recht bemerkt, den Mitmenschen gar nicht als „Du", sondern als Gegenstand, als „Es" zu behandeln[95] – eine häufig anzutreffende Erscheinung. Wir haben es aber auch in einer Gemeinschaft mit lauter einzelnen Individuen zu tun. Wie finden sie zusammen, ohne dass sie in einem Kollektiv verschwinden? Entscheidend ist: Der Weg vom Ich zum Wir geht über das Du. Was also kann getan werden, um den anderen Menschen als Du, als Individualität zu würdigen? – Das ist Gegenstand des dialogischen Prozesses „individuelle Begegnung", der sich auf mehreren Stufen entfalten kann.

Interesse

Wann habe ich mich eigentlich zuletzt für einen anderen Menschen interessiert? Und weshalb hat er mich interessiert? Weil er mir sympathisch war

---

93 Vgl. GÖTZ W. WERNER, Führung für Mündige, a. a. O., S. 21
94 MARTIN BUBER, „Ich und Du" [1929], in: Das dialogische Prinzip, Gerlingen 1994[7]
95 ebenda

oder weil ich hoffte, von ihm profitieren zu können? Dann war es wohl nicht die Art von Interesse, die zur „individuellen Begegnung" führt. Stehen Gefallen oder Nutzen im Vordergrund, so richtet sich mein Interesse in Wirklichkeit nicht auf den anderen Menschen, sondern auf mich selbst. In einem solchen „Autismus" leben zweifellos heute noch viele Führungskräfte. – Ich kann mich aber auch umwenden: Ich veranlasse mich dazu, den anderen Menschen um seiner selbst willen wahrnehmen zu wollen. Das ist nicht selbstverständlich. Ich muss meine Vorurteile zum Schweigen bringen und meine Maßstäbe, mit denen ich andere Menschen einzuordnen pflege. Alles, was man messen oder vergleichen kann, ist nicht wirklich individuell. Das Individuum ist per se einzigartig, „unvergleichbar" im wörtlichen Sinne.

Sich für Menschen zu interessieren ist „die Grundaufgabe von Führung", hebt Hans H. Hinterhuber hervor.[96] Wie aber ist das im Alltag zu leisten? – Interesse am anderen Menschen aufzubringen, ist um so schwieriger (aber auch um so lohnender), je weniger sympathisch mir der andere ist. Die Kollegen und Vorgesetzten habe ich mir selten ausgesucht. Ich habe es ständig mit Leuten zu tun, die ich einfach vorfinde. Es hat keinen Sinn, sie sich *anders* zu wünschen als sie sind. Gelingt es mir, sie unabhängig von meiner Sympathie oder Antipathie als Individualitäten ernst zu nehmen? Ein erster Schritt dazu ist, dass ich mich dafür interessiere, was sie denken, fühlen und tun. Diese Frage lohnt gerade dann, wenn ich die von ihnen geäußerten Ansichten für fragwürdig halte. Üblicherweise versuche ich, meine eigene, „richtige" Ansicht zur Geltung zu bringen. Ich kann aber daneben oder stattdessen auch noch etwas anderes tun: mich dafür interessieren, was der andere eigentlich denkt. Habe ich ihn überhaupt richtig verstanden? Oder höre ich etwas heraus, das er gar nicht meint? Höre ich etwas, das ich ihm von mir aus entgegentrage, vielleicht auf Grund von Vorurteilen? Höre ich nur mein eigenes Echo und gar nicht den anderen? Kann ich überhaupt richtig zuhören? Die Notwendigkeit einer Kultur des Interesses tritt uns ohne weiteres vor Augen, wenn sie einmal nicht gelingt: wenn ich dem anderen nicht unvoreingenommen gegenübertreten kann, wenn mein Unverständnis das vom anderen Gemeinte überwältigt. Dann nimmt das Gespräch neurotische Züge an. Der „Hörer" ordnet jeden Satz des Sprechenden in sein eigenes Vorstellungssystem ein, ohne auf *dessen* Kontext zu achten. Der Hörer hört, was *er* hört, ohne sich darum zu küm-

---

96 HANS H. HINTERHUBER, Leadership: Strategisches Denken systematisch schulen von Sokrates bis Jack Welch, Frankfurt/Main 2007

mern, was der andere gemeint haben könnte. – Besonders häufig tritt dieses Problem auf, wenn der Hörer „Absichten" des Sprechers vermutet, die dieser gar nicht hegt. Das kommt so häufig vor, dass man aus solchen Missverständnissen eine eigene Systematik machen und von einem „Clash der Kontexte" sprechen kann.[97] – Von ähnlicher Bedeutung für das soziale Leben ist das Interesse am Gefühl des anderen Menschen. Vielleicht errege ich so, wie ich zu ihm spreche, in ihm Gefühle, mit denen ich gar nicht gerechnet hatte, weil sie wenig mit meinem Verhalten zu tun haben, sondern aus seiner eigenen emotionalen Disposition kommen. Es hat jedoch keinen Sinn, sie zu ignorieren oder für „unberechtigt" zu erklären. Zunächst einmal muss ich mich dafür interessieren, was in dem anderen überhaupt vorgeht. – Ähnlich ist es mit dem Handeln. Wie oft sind wir geneigt, die Handlungen eines anderen Menschen zu beurteilen, noch bevor wir sie überhaupt richtig wahrgenommen haben. Wie handelt der andere wirklich? Sehe ich etwas in seiner Handlung, das gar nicht darin liegt, das ich mir nur einbilde? – Wie viele Missverständnisse entstehen daraus, dass man das Denken, Fühlen und Handeln des anderen nicht wirklich ernst nimmt, sondern mit den eigenen Vorstellungen vermischt!

Verstehen

Ein nächster Schritt der Begegnung ist damit schon angedeutet: Ich richte nicht nur mein Interesse wie von außen auf den anderen, sondern versuche, mich in ihn hineinzuversetzen und mit seinen Augen die Welt zu sehen. Die „Welt": Das kann z. B. die Situation sein, in der wir gemeinsam leben; oder auch das Unternehmen, in dem wir beide tätig sind. Das kann schließlich sogar bedeuten, dass ich versuche, mich selbst mit den Augen des anderen zu sehen. Statt mir Meinungen über den anderen zu bilden, versuche ich, seine Meinungen zu verstehen.

Diese Blickwendung ist im sozialen Leben von großer Bedeutung. Ich werde auf Aspekte der Wirklichkeit aufmerksam, die ich sonst nicht kennenlernen könnte. Ich lerne dabei auch viel über mich selbst. Das alles entginge mir, wenn ich diese Blickwendung nicht vollzöge. Ich gewinne dabei unendlich viel: Horizonterweiterung und Selbsterkenntnis.

Im Unterschied zur ersten Ebene der Begegnung, dem „Interesse", geht es beim „Verstehen" nicht nur um die Frage, *was* der andere denkt, fühlt und will, sondern: *warum* er dies tut. Es geht um Gründung und

---

97 WILLIAM ISAACS, Dialog als Kunst, gemeinsam zu denken, a. a. O., S. 170f.

Quelle seines Denkens, Fühlens und Wollens. Die kann ich natürlich nicht aus mir gewinnen, sondern nur aus ihm selbst.

Hier wird oftmals eingewendet: Im Alltag bleibt dafür doch keine Zeit! – Bei näherem Hinsehen zeigt sich jedoch, dass dieser Einwand nicht trifft. Wer einmal Revue passieren lässt, wieviele Stunden er im Berufsalltag damit verbringt, Missverständnisse auszuräumen, Krisensitzungen abzuhalten, Konfliktsituationen zu entspannen – der kann sich leicht klarmachen, wieviel Zeit er sparen würde, wenn er sich gleich so verhielte, dass Missverständnisse und Konflikte vermieden werden.

„Verstehen" ist eine anspruchsvolle Bemühung. Sie ist aber notwendig, da man ohne sie bestenfalls reibungslos aneinander vorbei funktionieren würde. Es geht beim Verstehen nicht um eine bestimmte Verfahrensweise, sondern darum, sich eine andere innere Haltung anzuerziehen. Die kann man nicht simulieren; verstehen muss man wirklich wollen, sonst hat das Ganze keinen Sinn. Andererseits muss man nicht gleich perfekt darin sein. Der Weg ist das Ziel.

Unsere erste Reaktion auf die meisten Feststellungen, die wir von anderen Menschen hören, ist eine sofortige Bewertung und Beurteilung, aber kein Verständnis. Wenn jemand ein Gefühl oder eine Einstellung oder eine Meinung ausdrückt, neigen wir beinah sofort zu der Empfindung: ‚das ist richtig'; oder ‚das ist albern'; ‚das ist abnorm'; ‚das ist unvernünftig'; ‚das ist falsch'; ‚das ist nicht sehr nett'. Ganz selten erlauben wir es uns, genau zu verstehen was ihm die Aussage bedeutet. Ich glaube, es liegt daran, daß Verständnis voller Risiken steckt. Wenn ich mich einen anderen Menschen wirklich verstehen lasse, riskiere ich, durch das Verständnis verändert zu werden. Und alle fürchten Veränderung. Es ist also [...] keine leichte Sache, sich zu erlauben, ein Individuum zu verstehen, in sein Bezugssystem völlig und vollständig und mitfühlend einzutreten. Und – es ist außerdem selten.

Carl. R. Rogers [98]

98 CARL R. ROGERS, Entwicklung der Persönlichkeit. Psychotherapie aus der Sicht eines Therapeuten, Stuttgart 1973, S. 34; siehe dazu: THOMAS KRACHT, „Vorstellung und Verständnis. Betrachtungen über das Lesen", in MARTIN BASFELD, THOMAS KRACHT (Hg.), Subjekt und Wahrnehmung. Beiträge zu einer Anthropologie der Sinneserfahrung, Basel 2002

Der Mensch in Entwicklung

Wer in dieser Weise auf den anderen Menschen eingeht, dem kann noch etwas Weiteres auffallen. Gewöhnlich definieren wir das Wesen des anderen als Resultat seiner Vergangenheit (wie er aufgewachsen ist, was er gelernt hat usw.). So herrscht in den Menschenbildern des 20. Jahrhunderts die Neigung vor, den Menschen als genetisch, seelisch oder gesellschaftlich vorgeprägtes Wesen anzusehen. Er ist Funktion seiner Vergangenheit, aus der er nicht heraus kann. Der Mensch ist und bleibt, was er geworden ist. Das ist bereits dann der Fall, wenn – wie so oft – der homo oeconomicus dem Selbstverständnis des heutigen Menschen unreflektiert zugrunde gelegt wird. Der Mensch ist nutzenorientiert und verstandesorientiert – und entsprechend behandle ich ihn (durch Motivation, Marketing usw.). – Gehört nicht aber zu jedem einzelnen Menschen außer der Vergangenheit auch seine Zukunft? Ist nicht vielleicht unser gegenwärtiger Zustand auch als Übergang von der Vergangenheit in die Zukunft zu begreifen? Statt also nur zu fragen, wie ich den anderen in seiner Gewordenheit verstehen kann, könnte ich auch einmal fragen: Wie wirkt sein künftiger Entwicklungsweg in den gegenwärtigen Zustand hinein? Hat er sich vielleicht – bewusst oder weniger bewusst – etwas vorgenommen, das er noch nicht erreicht hat, das aber sein gegenwärtiges Verhalten mit bestimmt, z. B. seine innere Unruhe oder seine kritische Grundhaltung?

Dem Heranwachsenden gegenüber ist diese Einstellung ganz selbstverständlich. Eltern, Verwandte, Freunde, Lehrer und Vorgesetzte sind um seine Weiterentwicklung bemüht. Kommt man aber über das 20. Lebensjahr hinaus, hört das allmählich auf. Meine Entwicklung geht dann nur noch weiter, wenn ich sie selbst betreibe. Sonst kommt es leicht zu einer Stagnation (quarterlife crisis). Dass ich auch als Erwachsener noch im „Werden" bin, tritt nach außen hin weniger in Erscheinung als in der Jugendzeit. Um so wichtiger ist es, diese Qualität im sozialen Leben nicht aus dem Auge zu verlieren. – Sehe ich in der fetten schwarzen Raupe auf dem Brennesselblatt nichts als diese Raupe, so stellt sich für mich die Situation ganz anders dar, als wenn ich in ihr den künftigen Schmetterling, das Pfauenauge, erblicke.

Gelingt es, den anderen als „werdenden Menschen" zu verstehen; als einen, der an seiner Zukunft arbeitet? In der individuellen Begegnung können wir uns gegenseitig in unserem Werden unterstützen. Wir können z. B. die Stärken des anderen fördern, statt seine Schwächen hervorzuheben. Wir rufen damit zugleich den Entwicklungswillen des anderen hervor. Jeder kann sich ja nur selbst auf seinen Weg machen. Wir können uns aber gegenseitig durch die Art unseres Umgangs dazu ermuntern, auch als Erwachsene im Prozess zu bleiben. Schon deshalb muss individuelle Begegnung immer wieder neu stattfinden. Sonst steckt man die anderen Menschen immer in dieselbe Schublade. Das hat George Bernhard Shaw unnachahmlich zum Ausdruck gebracht:

Der einzige Mensch, der sich vernünftig verhielt, war mein Schneider. Er nahm jedesmal neu Maß, wenn er mich sah, während all die anderen bei den alten Maßen blieben und voraussetzten, daß sie zu mir paßten.[99]

Bei der wachsenden Akzeptanz des anderen in der Begegnung können verschiedene Stufen unterschieden werden: Das Interesse an der Meinung des anderen, ein Verstehen der Position des anderen bis hin zur Entfaltung eines gemeinsamen Horizonts. Bei dieser Bemühung ist es besonders hilfreich, wenn es mir gelingt, das Andersartige des anderen nicht als Störung meiner eigenen Ordnung, sondern als Anregung zu empfinden. Sonst tritt der alte DDR-Spruch in Kraft: „Bei uns kann jeder werden, was er soll, ob er will oder nicht." Personalentwicklung (siehe oben Kapitel 1) ist oftmals die Fortsetzung einer solchen „DDR" mit anderen Mitteln. Es geht nicht darum, dem anderen mein Selbst- oder Menschenverständnis überzustülpen, sondern dessen eigenes Menschenbild in die Würdigung seiner Person einzubeziehen.

Menschenwürde

Lerne ich, die Welt mit den Augen des anderen zu sehen, und sehe ich im anderen den werdenden Menschen, so erschließt sich mir allmählich in umfassender Weise die menschliche Individualität. Sie wird evident, wenn ich der Begegnung mit dem anderen Menschen erhöhte Aufmerksamkeit entgegenbringe und jeden Einzelnen als Träger seiner Originalität entdecke. Individuelle Begegnung endet nicht bei definierbaren Ergebnissen, sondern eher bei Geheimnissen: bei der Herausforderung der Individualität, bei dem Geheimnis des werdenden Menschen und dem Rätsel der Schicksals-Begegnung. Gerade im Geheimnis und im Rätsel liegt die Ich-erweiternde Kraft des Verstehens. Eine Begegnung dieser Art beginnt vielleicht bei der Befindlichkeit des anderen, bezieht dann seine Gedankenwelt ein (Verstehen) und seine Willensimpulse. So konnte z. B. von der Freundschaft Schillers und Goethes ab 1894 gesagt werden: „Jeder nimmt

---

99 GEORGE BERNARD SHAW, Man and Superman (1903), Harmondsworth 1974

60

an den Schöpfungen des anderen teil." Schließlich wird unabhängig von der eigenen Position die Authentizität des anderen erlebt, also die innere Übereinstimmung mit sich selbst und seiner Umwelt.

Die Folgen für das Soziale sind unübersehbar: Ich nehme den anderen Menschen, wie er ist, und versuche, das Beste daraus zu machen. Auf der anderen Seite versuche ich, mich selbst *nicht* einfach so zu belassen wie ich bin.

Begegnung mit anderen Menschen wird heute vielfach gesucht, bewusster als vor wenigen Jahrzehnten. Aber es kommt darauf an, die richtige Dimension zu treffen. Will ich mich nur „wohlfühlen" in der Gruppe, die Last meiner Eigenständigkeit abwerfen, die Klippen meiner Persönlichkeit umschiffen? Oder suche ich ein *geistig aktives* Verhältnis zu den anderen Menschen? Will ich erreichen, dass wir uns als Individualitäten begegnen? Dann kann ich den anderen nehmen, wie er *sich gibt* (Interesse), ich kann ihn nehmen, wie er *sein will* (Verstehen), und ihm dabei helfen, so zu sein, wie er *sein kann* (Entwicklung); schließlich sehe ich ihn, wie er *wirklich ist*. Dann lebt Menschenwürde im Alltag.

Abwege

Individuelle Begegnung erfordert eine hohe Bewusstheit. Sie kann auch unvermerkt in ihr Gegenteil abgleiten. Wir sagten einleitend: Der Weg vom Ich zum Wir geht über das Du. Wie sähe denn ein Wir ohne Du aus? – Man nennt ein solches Verhältnis *totalitär*. Hier steht nicht das Individuum im Mittelpunkt, sondern das Kollektiv (Rolle, Gruppenzugehörigkeit, Persönlichkeitsmerkmale), hier will ich nicht den anderen verstehen, sondern ihm meinen Stempel aufdrücken; hier will ich nicht die Entwicklung des werdenden Menschen fördern, sondern eigenständige Entwicklungen der anderen blockieren oder in vorgegebene Richtungen kanalisieren. Und ich achte nicht den anderen als geistiges Wesen, sondern versuche, ihn für meine Zwecke zu instrumentalisieren. – „Die Partei hat immer recht" und „Du bist nichts, dein Volk ist alles" – diese Sätze symbolisieren die historischen Ausformungen des „Wir ohne Du" im 20. Jahrhundert. Die Frage ist, ob uns ähnliche Entgleisungen heute nicht mehr passieren können. Trägt nicht manches, was als „corporate identity" oder als „Personalentwicklung" umgesetzt wird, solche Züge (s. o. Kapitel 1)?

Es gibt auch ein Abgleiten nach der anderen Seite hin, zum Ich ohne Du. Dabei entsteht *Isolation*. Ich beziehe alles auf mich selbst, ich lege eigene Urteilsmaßstäbe an; ich fördere nicht die Fähigkeiten des anderen, sondern lege den Finger auf seine Begrenzungen und Mängel. Statt den anderen als geistiges Wesen zu achten, fordere ich ständig von meiner Umgebung, dass sie Verständnis für *mein* Handeln aufbringt. So entsteht eine Gegenkultur der Abfälligkeit, des wechselseitigen Desinteresses oder gar des Zynismus. Der sprichwörtliche „Autismus" mancher Führungskräfte ist in diesem Zusammenhang zu sehen. Die Hinwendung an das „Du" ist ein sicherer Weg aus der Isolation.

Die hier genannten Grundbeobachtungen gelten auch im mikrosozialen Bereich, etwa in der Partnerschaft. Man kann so die Gründe für das Scheitern vieler Beziehungen finden. Sich in seine eigene Vorstellung vom Partner zu verlieben statt in dessen Individualität, ist eine Karikatur von „Interesse". – Den anderen an den eigenen Maßstäben zu messen und immer wieder in Kritik statt in eine Horizonterweiterung auszumünden, konterkariert das „Verstehen". – Vorauszusetzen oder gar zu wollen, dass der andere so bleibt, wie er immer schon war, übersieht den „werdenden Menschen". Am Ende habe ich mein eigenes Vorstellungsprodukt vor mir, nicht den anderen als Individualität.

Individuelle Begegnung (Ich und Du) als Keimzelle der Gemeinschaft (Wir) ist eine ebenso aktuelle wie anspruchsvolle Anforderung. Sie hängt nicht von äußeren Verhältnissen ab, sondern von der inneren Einstellung der Beteiligten. Es liegt vollständig an mir und dir, ob individuelle Begegnung gelingt.

Zusammenarbeit in einem Unternehmen gewinnt unermesslich dadurch, dass auch in den notwendigerweise standardisierten Abläufen immer auf die *individuellen* Menschen gesetzt wird, die als solche nicht instrumentalisiert werden können. – An dieser Stelle geht dialogische Führung über kooperative und systemische Führung (s. o. Kapitel 1) hinaus und rechnet mit dem „freien Geist" im anderen. Unternehmergeist würde sich selbst ad absurdum führen, wenn er die Dimension der individuellen Begegnung nicht ernst nähme.

Der Mensch als Selbstzweck

Die wechselseitige Anerkenntnis des einen, nämlich durch den anderen, als eines zu achtenden Selbstzwecks „restringiert" ihrem Sinne nach die natürliche Geneigtheit zur Selbstsucht und den in ihr begründeten Verfall der menschlichen Verhältnisse in gegenseitige Abhängigkeit in selbstsüchtiger Zu- und Abneigung. Die Achtung des Menschen als eines Selbstzwecks hat den Sinn, diesen Verfall in pathologische Unfreiheit aufzuhalten und zu einer freien – „praktischen" – Verbindlichkeit des einen mit dem andern zu modifizieren.

Karl Löwith[100]

---

100 KARL LÖWITH, Das Individuum in der Rolle des Mitmenschen, Darmstadt 1969, S. 153

3.2 Transparenz

„Transparenz" ist die Chiffre für die Eigenständigkeit des Einzelnen gegenüber den Verhältnissen, Gegebenheiten und Situationen des Unternehmens. Was ist wirklich der Fall und was bilden wir uns nur ein? Wie können wir das, was der Fall ist, beurteilen? Worauf kommt es an? – Auch hier sind verschiedene Stufen zu unterscheiden: Information (Tatsächlichkeit), Kommunikation (Ganzheit), Erkenntnis (Wahrheit) und der Blick auf das Wesentliche.

Information

Im Alltag gruppieren wir die „Welt" um unsere Person herum. Wir geben uns zufrieden damit, wie sie uns erscheint, und begnügen uns mit Ausschnitten: was uns nützt oder schadet, gefällt oder missfällt. Wir wenden keine Mühe auf, um zu prüfen, ob die von uns gebildete Vorstellung auf Wahrnehmung beruht oder einfach „ausgedacht" ist. Wer aber unternehmerisch handeln will, muss sich darüber Klarheit verschaffen und Tatsächlichkeit an die Stelle von Vermutung oder Illusion treten lassen. Bevor wir uns z. B. über einen Vorfall aufregen, sollten wir prüfen, ob er wirklich so geschehen ist, wie er uns berichtet wurde.

Beim gemeinschaftlichen Handeln in einem Unternehmen braucht der Einzelne seinen eigenständigen Blick auf das Ganze. Er sieht sich als Glied des Ganzen, nicht als Mittelpunkt des Weltgeschehens. Voraussetzung dafür ist, dass die Geschehnisse für den Einzelnen durchsichtig (transparent) werden. In einer größeren Organisation kann nun nicht jeder alles mit eigenen Augen sehen. Die eigene Wahrnehmung wird ersetzt durch zuverlässige Information. Der erste Schritt ist also: Sind alle Beteiligten informiert? – Das ist oftmals leichter gesagt als getan. Im Alltag des Zusammenlebens wird jedenfalls vielfach dagegen gesündigt. Man möchte gar nicht, dass die anderen alles wissen. Man verweigert Transparenz z. B. deshalb, weil alles, was ein anderer sagen könnte, von vornherein als Vorwurf gilt. Man nimmt persönlich, was als Beitrag zur Sache gemeint ist. Und das ist wohl das erste Ziel der Transparenz: gemeinsam eine *sachliche* Ebene zu erreichen. Intransparentes Verhalten entspringt oft einer Schwäche der Persönlichkeit, einer Furcht vor dieser sachlichen Ebene.

Nicht selten bleibt ein an sich unproblematischer Vorgang, weil er nicht mitgeteilt worden ist, wie ein Gespenst im Raume stehen. Jeder kennt ihn und muss doch so tun, als gäbe es ihn nicht. Das hat soziale Folgen. Wer

63

nicht informiert, ist dafür verantwortlich, wenn Gerüchte entstehen. Wer sich seine Informationen inoffiziell beschaffen muss, trägt unfreiwillig zur Gerüchtebildung bei, weil er sich natürlich an verschiedenen Stellen erkundigt, um „ganz sicher" zu sein. Und jede „Erkundigung" erzeugt, verstärkt oder verändert ein Gerücht.

Es ist mir schon öfter begegnet, dass ich irgendwo eine Frage gestellt habe mit einer gewissen Mutmaßung: Ist das vielleicht so gewesen? Und wenn ich später einen anderen gefragt habe, dann kam mir meine eigene Mutmaßung von gestern als Tatsachenbehauptung entgegen. So manche soziale „Tatsache" ist wohl nur ein verdichtetes Gerücht – aber durchaus wirksam!

Intransparenz ist ein gravierender Führungsfehler. Sie führt nicht nur dazu, dass Menschen sich nicht ernst genommen fühlen; sie verhindert auch, dass der Einzelne eigenständig im Sinne des Ganzen handeln kann. Und sie ist eine der häufigsten Ausgangspunkte für Konflikte. – Damit sich die Einzelnen auf einer sachlichen Ebene begegnen können, bedarf es zuerst einer offenen und präzisen Information; Weiteres kommt hinzu:

Verständigung

Wie entsteht aus den Wahrnehmungen der Einzelnen ein gemeinsames Bild von der Wirklichkeit? Eine zweite Aufgabe der Transparenz ist es, aus den Einzelwahrnehmungen eine „Ganzheit" entstehen zu lassen. – Wir können versuchen, die Vorstellungen der Einzelnen so aufeinander zu beziehen, dass sie ihre „Einzelheit" verlieren. Das geschieht oft schon dadurch, dass wir uns für die Ansicht der anderen aktiv interessieren (statt sie von vornherein zurückzuweisen). Der fremde Standpunkt kann mich ja um so mehr interessieren, je mehr er sich von meinem eigenen unterscheidet. Denn dann besteht die Chance, dass sich meine eigene (begrenzte) Ansicht erweitert und ergänzt. Wer immer nur mit „Gleichgesinnten" koaliert, hält sein Weltbild beschränkt.

So können wir die Verschiedenheit der Blickwinkel in der Zusammenarbeit aktiv nutzen. Blickt man aus verschiedenen Positionen auf denselben Baum, dann sieht er von jeder Seite anders aus. Und wenn wir mehrere Leute um den Baum herum postieren und sie um Beschreibung dessen bitten, was sie sehen, dann kommen unterschiedliche Beschreibungen heraus. Da käme es niemandem in den Sinn, die Beschreibung eines anderen anzuzweifeln und sie an dem zu messen, was er selbst wahrnimmt. Als vernünftiger Mensch rechne ich damit, dass jeder an seiner Stelle den Baum anders sieht. Im sozialen Leben aber gilt das nicht in gleicher Weise als selbstverständlich.

64

Nils Pfläging bringt dazu ein eindrückliches Szenario:

„Wir haben unser Ziel um 17 Prozent übertroffen"
sagt der Vertriebsleiter.

„Fantastisch!", sagt der Leiter der Division.

„Angesichts der hervorragenden Marktsituation im zweiten Halbjahr
kein Wunder. Ich tippe mal, wir hätten das Ziel um 35 Prozent über-
treffen können und sollen", sagt der Fabrikleiter.

„Die Prognosewerte waren doch eh schon im Februar obsolet",
sagt der Marketingleiter.

„Mit besserer Planungssoftware könnten wir unsere Prognosegenau-
igkeit deutlich steigern. Dann hätten wir nicht mehr so katastrophal
große Planabweichungen zum Jahresende", sagt der Controller.

„Unsere Wettbewerber sind im gleichen Zeitraum leider weitaus er-
folgreicher gewesen", sagt der Manager für Market-Intelligence.

„Insgesamt aber doch ein vorzeigbares Ergebnis", sagt der Vorstands-
vorsitzende.[101]

Um eine Ganzheit entstehen zu lassen, gibt es verschiedene Möglichkeiten:

- Wir würdigen die Aspekte, die aufgrund der verschiedenen räum-
  lichen Positionen für jeden anders aussehen (wie soeben erwähnt):
  Jeder Einzelne sieht objektiv etwas anderes.

- Wenn wir statt eines plastischen Gegenstandes (Baum) ein gemaltes
  Bild gemeinsam ansehen, dann sehen alle objektiv so ziemlich das-
  selbe und trotzdem sieht jeder subjektiv etwas anderes. Dem einen
  fällt dies auf, dem anderen jenes; der eine übersieht diese Einzelheit,
  weil er sie nicht zu deuten vermag, dem anderen ist jenes besonders wichtig, weil es an Bekanntes anknüpft. Und so ist es auch im

---

101 NILS PFLÄGING, Führen mit flexiblen Zielen, a. a. O., S. 99

Leben. Man wird dankbar sein, dass es andere Menschen gibt, die aufmerksam machen auf Dinge, die man selbst nicht wahrgenommen oder nicht für wichtig gehalten hat.

- Um ein Phänomen, einen Vorgang oder eine Situation angemessen wahrzunehmen, lohnt es sich, zwischen Fern- und Nahblick hin- und herzuwechseln. Ich betrachte den Gesamtzusammenhang von weit „oben" (Vigilanz) und ich schaue mir die Sache aus der Nähe an, um Details zu bemerken, die sonst unbeachtet blieben (fokussierte Wahrnehmung). Diese beiden Blickweisen kontrolliert einsetzen zu können, ist eine nicht ganz selbstverständliche Fähigkeit.

- Wer nur ein wenig selbstkritisch vorgeht, weiß, dass dasjenige, was er jeweils „sieht", nicht nur von seiner Position als Betrachter abhängig ist, sondern auch von seinen eigenen Vor-Einstellungen: davon, was er für wahr, für wichtig, für möglich hält oder was er erwartet hat.[102]

Für die Gestaltung der Zusammenarbeit müssen wir diese Sachverhalte nicht nur durchschauen, sondern auch nutzen: Statt immer nur an „richtig" oder „falsch" zu denken, vereinigen wir die Perspektiven der Beteiligten zu einem „perspektivischen Sehen". Jeder sagt, wie er die Sache sieht; dadurch erweitert sich der Horizont der Beteiligten ganz beträchtlich. – Nun kann bis hierhin ein gewisser Vorbehalt bleiben, die so entstandene „Ganzheit" sei doch vielleicht etwas vorläufig. Denn ob diese Ganzheit auch einer Wirklichkeit entspricht, ist noch nicht geprüft.

Erkenntnis
Information und Kommunikation sind noch nicht alles. Sie bilden so etwas wie die Außenseite der Transparenz. Ich erfahre, was der Fall ist. Dadurch entsteht eine „Ehrfurcht vor dem Tatsächlichen" (Nietzsche). Dazu gehört aber noch eine Innenseite: Ich muss in der Lage sein, mit dem, was ich erfahre, angemessen umzugehen, indem ich Erkenntnisfähigkeit erwerbe. Dazu gehört es beispielsweise, die unsichtbaren Zusammenhänge der sichtbaren Geschehnisse einzubeziehen, wie Ursachen und Konsequenzen.

---

102 Näheres dazu s. u. im Kapitel „Selbstführung"

Liegt ein Auto neben der Kurve im Graben, so gibt dieser Anblick nur einen kleinen Teil der Wirklichkeit wieder. Zur ganzen Wirklichkeit gehören auch die Ursachen des Unfalls. Und die können sehr verschieden sein: zu schnell gefahren im Hinblick auf die Straßenverhältnisse, eine plötzlich glatte Fahrbahn (Ölspur), Übermüdung des Fahrers, Ablenkung durch den Beifahrer – oder auch eine plötzliche Gesundheitsstörung des Fahrers. – Dem „Ergebnis" sieht man nicht ohne weiteres an, wo die Ursachen liegen. Diese gehören aber zur Wirklichkeit des Unfalls dazu. Es gibt sie mit Sicherheit. Ob man sie auch mit Sicherheit herausfindet, ist eine andere Frage. Die Bemühung darum aber ist Sache dessen, was hier mit „Erkenntnis" gemeint ist. Solange man keine Erkenntnissicherheit hat, hält man sein Urteil zurück.

Ein Erkenntnisurteil hat zwei wichtige Eigenschaften: Es ist mein *eigenes* Urteil, das von mir auch selbst verantwortet wird. Außerdem beruht mein Urteil auf Tatsachenwahrnehmung, nicht auf Meinungen, Vorstellungen, Vorurteilen oder Illusionen. Ich muss also zwischen Wahrnehmung und Vorstellung unterscheiden – in unserer Zeit keine selbstverständliche Fähigkeit. Wie oft nehmen wir Meinungen so, als seien sie Tatsachen – und umgekehrt! – Weiteres dazu im Kapitel 4.

Für den Unternehmensalltag hat die eigenständige Erkenntnisleistung der Mitarbeiter unmittelbar praktische Folgen: Was selbst wahrgenommen und eingesehen wird, darf nicht mehr angeordnet werden! Sonst kommt die Erkenntnisleistung der Einzelnen sofort wieder zum Erliegen. An die Stelle der Anweisung tritt in einer dialogischen Führungskultur die Anregung zu eigenständigem Durchblick.

Wesentlich oder unwesentlich?
Die Urteilsbildung im beschriebenen Sinne verträgt nicht die Vorherrschaft persönlicher Vorlieben, Interessen oder Wünsche. Bemühung um Wahrheit setzt eine gewisse Selbstlosigkeit und eine Distanz zum Sachverhalt voraus. Ich kann mich auf die Dauer von der Wirklichkeit meines Unternehmens aber nicht distanziert halten. Ich bin selbst Glied des Ganzen. Dieses wirkt auf mich ein (ob ich will oder nicht), und ich gestalte es meinerseits mit (ob bewusst oder unbewusst). Ich bin mit der Sache verbunden, ohne mich in deren Mittelpunkt zu stellen. Zum *Hinsehen* auf die Tatsachen und zum *Durchschauen* der Zusammenhänge kommt nun noch die *Würdigung* der Wirklichkeit hinzu. „Wem sich das Wesen einer Gitarre nicht in ihrem Musikinstrumentsein offenbart, der kann vieles zu ihren Bestandteilen

und deren Zueinander wissen, und dennoch wird er sich der Gitarre nie sachgemäß nähern können."[103]

Ich kann mich z. B. fragen, was denn an der erkannten Wirklichkeit in sachlicher Hinsicht „wesentlich" ist. Das „Wesentliche" kann niemals bewiesen werden. Es beruht auf Evidenz, einem unmittelbaren und untrüglichen Wahrheitsgefühl.[104] Evidenz können wir nicht erzwingen. Wenn sie erscheint, dann ist sie da – und wenn nicht, dann müssen wir uns damit zunächst abfinden. Auf jeden Fall kommt es darauf an, die Einsicht des Einzelnen durch die Sinndimension anzuregen.[105]

Ich stelle mir keine geschlossenen Wahrheiten gegenüber, sondern ich begebe mich in den Wirklichkeitsprozess hinein und engagiere mich darin. Dafür hat sich seit einiger Zeit der Ausdruck Commitment eingebürgert. Gemeint ist letzten Endes so etwas wie Liebe zur Wirklichkeit – und zwar zur Wirklichkeit so, wie sie ist; nicht notwendigerweise zu jedem Detail, aber zum „Wesentlichen". – Das ist von großer Bedeutung für das Gedeihen eines Unternehmens. Lassen wir die Frage nach dem Wesentlichen außer Acht, so verlieren wir uns entweder in der Unbegrenztheit der vielen möglichen Erkenntnisfragen, oder wir fallen, da wir ohne Orientierung doch nicht auskommen können, in subjektive Standpunkte zurück; und es geht uns wie Mark Twain: „Als wir das Ziel endgültig aus dem Auge verloren hatten, verdoppelten wir unsere Anstrengungen." – Nur wenn wir „wesentlich" und „unwesentlich" unterscheiden, können wir unternehmerische Entscheidungen treffen.

Die vier Stufen des Transparenzprozesses können zusammengefasst werden in Form von Orientierungsfragen:

1. Was ist der Fall?
   Tatsächlichkeit statt Vermutungen, Gerüchte, Täuschungen.

2. Ist meine Sicht umfassend genug?
   Ganzheit statt Parteilichkeit, Tunnelblick oder Beharren auf eigenen Standpunkten.

3. Warum ist das so?
   Erkenntnis der Wirklichkeit statt Meinungsbilder.

4. Worauf kommt es an?
   Die Frage nach dem Wesentlichen statt Subjektivität oder Orientierungslosigkeit.

---

103 FERDINAND ROHRHIRSCH, Unternimm dich selbst, Karlsruhe 2005, S. 7
104 Näheres bei KARL-MARTIN DIETZ, Wenn Herzen beginnen, Gedanken zu haben, 2. Auflage, Stuttgart 2005
105 GÖTZ W. WERNER, Führung für Mündige, a. a. O., S. 20

Transparenz bedeutet also Autonomisierung statt Automatisierung des Blicks auf die Wirklichkeit. Auf den verschiedenen Ebenen wird die Individualität in unterschiedlicher Weise tätig:

1. Sich der Sache zuwenden: Tatsächlichkeit.

2. Die Aspekte der anderen einbeziehen: Ganzheit.

3. Den unsichtbaren Teil der Wirklichkeit entdecken (Zusammenhänge, Ursachen, Folgen): Erkenntnis.

4. Sich selbst in die Wirklichkeit einbeziehen: Das Wesentliche vom Unwesentlichen unterscheiden.

Abwege

Wie bei der individuellen Beobachtung so gibt es auch bei der Transparenz Ablenkungen ins Gegenteil. Das ist z. B. dann der Fall, wenn so informiert und kommuniziert wird, dass dabei die Fakten manipuliert werden, so dass der Empfänger einen bestimmten Eindruck vom Sachverhalt gewinnen soll. Was wie „Information" aussieht, kann auch der *Instrumentalisierung* des anderen dienen. Das ist dann der Fall, wenn Fakten manipuliert oder selektiert werden; oder wenn im Gewande eines abgewogenen Urteils tatsächlich Vorurteile, fixe Vorstellungen oder Eigeninteressen zur Geltung kommen, durch scheinbare Objektivität geschickt kaschiert. Das ist auch dann der Fall, wenn an der Stelle von perspektivischem Sehen, das zur Wirklichkeit führt, Täuschung oder Lüge eingesetzt werden; und auch dann, wenn von „oben" vorgegeben wird, worauf es ankommt und wie man zu denken hat.

In entgegengesetzte Richtung führt ein Abweg, wenn Information phrasenhaft, d. h. inhaltslos verläuft. Oft handelt es sich dabei um *Emotionalisierung*, wie es sich oben um Instrumentalisierung gehandelt hat. Damit hat man z. B. dann zu kämpfen, wenn entweder ideologische Vorgaben oder Beliebigkeit die Bemühung um ein eigenständiges Urteil ersetzen oder wenn Illusionen an die Stelle der Aspekte treten. Und schließlich kann es geschehen, dass Unterscheidungslosigkeit (Naivität) das Wesentliche vernebelt.

Leistungen der Transparenz

Transparenz wird in einer dialogischen Unternehmenskultur nicht „gewährt", um den Einzelnen zu motivieren, sondern sie ist notwendig, um ihm eigenständiges Handeln zu ermöglichen. Statt irgendetwas anzuordnen und es dann (freundlicherweise) auch zu erklären (man ist ja kein Unmensch!), kann man auch gleich erklären – dann braucht man nicht mehr anzuordnen. Transparenz ist insofern kein Begleitprozess von Führung, sondern sie erzeugt eine neue Art von Führung, die auf Selbstführung hinausläuft.

Diese Art der Eigenständigkeit ist nicht nur menschlich angenehm und unternehmerisch effizient, sondern sie fördert gleichzeitig die Intelligenz und Kreativität der Beteiligten. Geringe Komplexität der Arbeit verringert bekanntlich die intellektuelle Flexibilität der Person. Der Einfluss der Arbeitssituation auf die intellektuelle Flexibilität ist etwa genauso hoch wie der der Schulbildung.[106] Und auch das Umgekehrte gilt: „Die Leute überschwemmen einen geradezu mit Ideen, wenn man sie nur lässt", berichtet ein Betriebsleiter.[107] „Behandle Menschen wie Erwachsene" ist eine schon länger bekannte These.[108] Dazu ist neben individueller Begegnung Transparenz erforderlich. Transparenz macht Mitarbeiter von Befehlsempfängern zu Mit-Wirkenden und ist zugleich ein sozialer Prozess. Der Einzelne verbessert seinen eigenen Durchblick und fördert zugleich den der andern:

- Was ist wirklich der Fall? – Kann/muss der andere die Sache ernst nehmen?

- Ist meine Sicht vollständig? – Kann der andere das Ganze sehen? Kann der andere seine Sicht einbringen?

- Warum ist das so? – Kann der andere die Wirklichkeit eigenständig erkennen?

- Worauf kommt es an? – Kann sich der andere mit der Sache identifizieren?

Durch Transparenz entsteht eine gemeinsame Welt mit den anderen, unabhängig von der persönlichen Interessenlage, und durch eine Kultur der Transparenz im Unternehmen entsteht Vertrauen: Man erfährt nicht nur alles, sondern man kann sich auch darauf verlassen, dass man es erfährt! Wenn man also einmal nichts erfährt, dann gibt es auch nichts zu erfahren. Wer mit dieser Sicherheit leben kann, erspart sich viel Unruhe.

---

106 Darauf macht MICHAEL FRESE aufmerksam, in: Persönlichkeitspsychologie. Ein Handbuch in Schlüsselbegriffen, hg. von THEO HERRMANN und ERNST T. LANTERMANN, München 1985, S. 141
107 THOMAS J. PETERS, ROBERT H. WATERMAN, JR., Auf der Suche nach Spitzenleistungen, a. a. O., S. 275
108 ebenda, S. 276

Ein häufig gehörter Einwand, der sich „praktisch" gibt, ist der, dass doch gar nicht *alle* diese Selbständigkeit im Sinne des Ganzen leisten *können*. – Das ist ja selbstverständlich. Neue Mitarbeiter, Kranke, Ausgebrannte, aber vielleicht auch einfach Unintelligente oder Willensschwache haben es möglicherweise schwerer mit der Eigenständigkeit. Aber wer die individuellen Anforderungen der Transparenz mit der möglichen Unfähigkeit Einzelner konterkarieren will, hat wohl selbst einen Fehler gemacht. Zweifellos gibt es eine große Zahl von Menschen, die schon jetzt und ohne Weiteres in der Lage sind, die Anforderungen der Selbständigkeit zu erfüllen, wenn man sie dazu ermuntert und ihnen den nötigen Überblick ermöglicht. Das lehrt die Praxis.[109] Es geht zweifellos dabei um Fähigkeiten, die heute noch nicht einfach auf der Straße liegen. Denn sie fangen in unserem staatlich gelenkten Bildungs- und Ausbildungssystem erst heute – um Jahrzehnte verspätet – an, eine gewisse, immer noch bescheidene Rolle zu spielen. Zertifizierung (Prüfung, Bewertung) gilt immer noch mehr als die Erweckung schöpferischer und eigenständiger Kräfte – bei aller Bemühung einzelner engagierter Lehrer und Hochschullehrer. Die bisher staatlich defizitären Fähigkeiten aber kann man sich erwerben – lebenslang, wenn es sein muss.

Die Frage des Könnens löst sich weitgehend auf in eine Willensfrage. Und wer Eigenständigkeit *nicht* will, der ist für verantwortliche Tätigkeiten ohnehin schlecht zu gebrauchen. Auch insofern ist dialogische Führung eine dynamische Angelegenheit. Der Weg ist das Ziel.

3.3 Beratung

Unternehmerisches Handeln rechnet immer auch mit dem Zukünftigen. Ohne Entwicklung ist ein Unternehmen nicht denkbar. Der Umgang mit Potenzialen steht gleichberechtigt neben der vergangenheitsorientierten Empirie und der Organisation des Bestehenden. Ein weiterer Blick auf die gemeinsame Arbeit betrifft daher die Zukunft (s. o. Kapitel 2). Sie veranlasst mich, mein gegenwärtiges Handeln an etwas auszurichten, das noch nicht mit Augen zu sehen ist: an Ideen.

Der unternehmerische Umgang mit Ideen besteht nicht nur darin, selbst neue Ideen zu finden. Dazu gehört auch, sich in die Ideenwelt

---

109 KARL-MARTIN DIETZ, THOMAS KRACHT, Dialogische Führung, a. a. O., Kapitel I

anderer Menschen einzuleben, überhaupt für Ideen sensibel zu werden. Es gibt heute in der Kreativitätsforschung Anregungen, wie man sich im Ideenbereich bewegt und wie Ideen für das Leben fruchtbar werden. Dabei können verschiedene Phasen unterschieden werden:

- **Mit Fragen leben**

  Eine erste Voraussetzung zur Ideenfähigkeit ist es, mit *Fragen* zu leben. Die Ausgangsfragen müssen präzise gestellt sein. Sodann ist es wichtig, die Antwort offen zu halten. Wir neigen von Natur aus zu einem „geschlossenen Weltbild". Wenn es sich nicht von selbst ergibt, helfen wir gerne ein bisschen nach und beantworten uns unsere Fragen aus mitgebrachtem Wissensschatz. Geschlossene Weltanschauungen aber sind geeignet, neue Ideen eher fernzuhalten. – Die Anforderung, eine Weile mit offenen Fragen zu leben, ist nicht zu unterschätzen. Sie erfordert einen „Überschuss an Aufmerksamkeit".[110] Kreativität gedeiht in „Fragenschutzgebieten".[111]

- **Kreative Unruhe**

  Daraus ergibt sich ein zweiter Schritt auf dem Weg zur Idee: Was als offene Frage beginnt, kann in Unsicherheit münden. Diese Unsicherheit muss ich aushalten. Ich versuche, die offenen Fragen, mit denen ich lebe, immer wieder neu zu formulieren.

  Das ist die zweite große Anforderung an die Ideenbildung: mich von den lieb gewonnenen Vorstellungen zu lösen, ohne ein bestimmtes Ergebnis im Auge zu haben. Ich muss lernen, eine paradoxe Situation zu ertragen: etwas zu suchen, von dem ich noch nicht weiß, was es ist. Wer das nicht aushält, läuft Gefahr, die Ideenbildung zu überspringen und gleich ins Handeln zu kommen. „Die meisten Flops entstehen dadurch, dass man etwas vorhat und gleich in die Verwirklichung geht."[112]

- **Inkubation der Idee**

  Bis dahin kann ich meine Schritte von mir aus gestalten. Jetzt aber kommt mir etwas entgegen – oder auch nicht. Man kann hier von einer „Inkubationszeit der Idee" sprechen. Nachdem ich eine innere

110 MIHALY CSIKSZENTMIHALYI, Kreativität, Stuttgart 1994⁴, S. 20
111 JÜRGEN WERNER, „Ora et Labora", in: HEINRICH VON PIERER, BOLKO VON OETINGER (Hg.), Wie kommt das Neue in die Welt?, München 1997
112 GÖTZ W. WERNER, „Unternehmergeist – Anfängergeist", in: ANDREAS ZEUCK (Hg.), Management von Nichtwissen im Unternehmen, Heidelberg 2007, S. 62-67

Offenheit hergestellt habe, kommt es darauf an, meine Fragen und die darin schlummernden Ideen sich selbst zu überlassen.

- Intuition

Gelingt es mir, meine Fragen, Probleme und Unsicherheiten ruhen zu lassen, dann geschieht, was viele Menschen so beschrieben haben: Plötzlich, während sie an etwas ganz anderes dachten, vorzugsweise morgens nach dem Aufwachen, kam ihnen die Idee, nach der sie vielleicht jahrelang gesucht hatten.

Ideen treten nicht ohne mich auf, aber sie sind nicht von mir gemacht, sondern „pro-duziert" im Sinne von „hervor-gebracht", ans Licht gebracht. Schon Sokrates bediente sich des treffenden Vergleichs mit einer Hebamme: Er verhalf den Ideen anderer Menschen zur Geburt. Ideenbildung hat mit Entbindung außerdem gemeinsam: Wenn sich die Idee ankündigt, weiß man noch nicht, wie sie aussehen wird. Sie ist noch nicht in Worten formuliert. Sie erscheint wortlos. Wir erleben „Geistes-Gegenwart". Das halten wir nicht lange durch, sondern suchen sofort nach einer Formulierung. Wir müssen sehr aufpassen, durch die Formulierung die Idee nicht abzukürzen oder vorzeitig festzulegen; die unformulierte Idee würde uns jedoch entgleiten.

- Ausgestalten der Idee

Die weitere Ausgestaltung der Idee bedarf der konstruktiven Zusammenarbeit. Wenn jemand seine Idee in ihrer ersten, vorläufigen Form zum Ausdruck bringt, klingt sie meistens nicht attraktiv. Sie ist noch nicht voll verständlich, scheint unvollständig oder enthält Seltsamkeiten. Jetzt geschieht es oftmals in einer Gruppe, dass man sich auf dieses unfertige Gebilde stürzt und es mit Gegenargumenten erledigt: „So etwas hat es ja noch nie gegeben", „Wozu brauchen wir denn so etwas!", „Das funktioniert doch gar nicht!", „Wer soll das bezahlen?" usw. Man spricht da geradezu von „Killerphrasen", von denen es eine ganze Anzahl gibt.[113]

Man kann aber auch das Umgekehrte tun und sich für die vielleicht noch unfertig formulierte Idee aktiv interessieren: „Wie haben Sie das gemeint, können Sie das noch einmal erläutern?", „Ich

---

113 Weitere bei KARL-MARTIN DIETZ, Dialog, a. a. O., S. 67

73

sage einmal mit meinen Worten, wie ich es verstanden habe, und frage Sie dann, ob es so gemeint war" u. ä. Schließlich kann sogar gemeinsam an der Ausgestaltung der Idee gearbeitet werden. Es ist ein Gesetz im Ideenbereich: Wer sich auf die Idee eines anderen wirklich verständnisvoll einlässt, dessen eigene Ideenproduktion wird dadurch ebenfalls angeregt.[114]

- **Prüfung der Idee**
  Die „Ausgestaltung der Idee" ist eine empfindliche Phase, in der vieles falsch gemacht werden kann. Was danach kommt, steht auf sichereren Füßen: die Prüfung der Idee. Ist sie wirklich geeignet für unsere Situation, hat sie Schwachstellen usw.? Hierzu muss die Idee zunächst einmal konkretisiert werden. Das Ganze ist ein sozial interessanter und phantasievoller Prozess.

- **Durchführung**
  Erst ganz zum Schluss wird die Durchführung organisiert. Das kann unter Umständen auch von anderen gemacht werden, die im Organisieren besser sind als derjenige, der die Idee produziert hatte.

Die Phasen der Ideenbildung können so zusammengefasst werden:

---

114 Näheres hierzu s. u. Kapitel 4 zu „Produktivität und Empfänglichkeit"

Phasen der Ideenbildung:

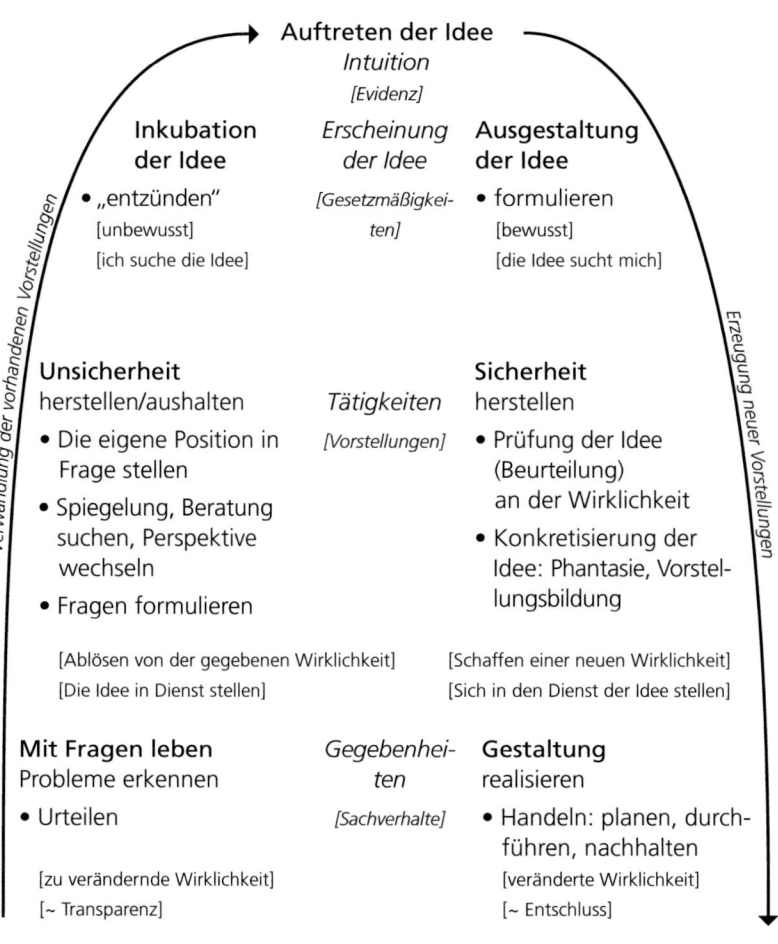

Abwege:

Auch bei der Ideenbildung können, wie bei den anderen Prozessen, Abwege eingeschlagen werden. Der eine läuft in Richtung einer *Erstarrung*: Die Zukunft ist prolongierte Gegenwart. Statt mit Fragen zu leben, lebt man mit Vorgaben; statt sich an Sachproblemen zu orientieren, betreibt man Schuldzuweisung, wenn etwas misslungen ist. Die kreative Unsicherheit wird verdrängt durch scheinbare „Sachzwänge" – und es wird dabei übersehen, dass es wirkliche Sachzwänge nicht gibt. Wo es sie zu geben scheint, ist nur noch nicht die zündende Idee aufgetaucht, um sie zu überwinden. Die Inkubation der Idee wird durch Ergebnisdruck überspielt: Bis zu einem bestimmten Termin muss etwas Bestimmtes herauskommen. Was dann „herauskommt", ist meistens auch danach, und wir haben statt Beratung im Sinne von Ideenbildung: Überreden, Konformität, feste Vorstellungen oder Manipulation. Auf der anderen Seite kann es sein, dass die *Zukunft in der Luft hängen* bleibt. Man lebt ohne Fragen, naiv, hat also auch keine Probleme. Gedankliche Unverbindlichkeit ersetzt die kreative Unsicherheit, Sprunghaftigkeit tritt an die Stelle der Inkubation, und Intuitionen werden mit Illusionen verwechselt. An die Stelle der Ideenbildung treten hier Meinungsaustausch, Monolog oder Selbstdarstellung.[115]

3.4 Entschluss

Alle vorausgehenden Überlegungen wären nutzlos, wenn nicht konkrete Handlungen folgten. Die anderen Prozesse sind dabei vorauszusetzen: Die Menschen müssen einbezogen, die Gegebenheiten berücksichtigt und die Ideenbildungen abgeschlossen sein. Dann kommt der Augenblick der Beschränkung. Ich kann Vieles bedenken, aber nur Eines durchführen. Sobald es zum Handeln kommt, gibt es kein Zurück mehr. Was geschehen ist, kann nicht ungeschehen gemacht werden (man kann höchstens versuchen, durch weitere Handlungen unerwünschte Folgen abzumildern). Andererseits *muss* gehandelt werden.

Wie also kommt es zum Entschluss? – In der Praxis ist immer wieder zu beobachten, dass man die Entscheidung unmittelbar an die Beratung anschließt. Entscheidung ist dann einfach das Ende der Beratung. Das hat jedoch Folgen: Die Beratung ist nicht wirklich frei, denn man schielt immer schon auf den Entschluss hin. Jeder Beitrag zur Beratung wirkt wie eine Beschlussvorlage. Ein freies Ausschweifen in der Ideenfindung kann man sich nicht leisten. Außerdem lebt die Ideenbildung in der Beratung davon, dass sich alle daran beteiligen, die sich engagieren wollen und können. Aber nicht alle diese können, wollen oder sollen an der Entscheidung teilnehmen (darüber sogleich). Entweder ist die Beratung nicht offen genug oder die Entscheidung nicht stringent genug, wenn beides ineinander fließt. Daher ist es wichtig, zwischen Beratung und Entschluss deutlich zu trennen. Eine Trennung unterbleibt oft mit dem Argument, man müsse „schnell" handeln. Bei näherer Betrachtung sind aber in der Regel solche Themen, die „heute" entschieden werden müssen, nur nicht rechtzeitig auf die Tagesordnung gebracht worden. Die „notwendige" Eile ist oftmals

---

115 Siehe hierzu auch HENDRIK BACKERRA, CHRISTIAN MALORNY, WOLFGANG SCHWARZ, Kreativitätstechniken, München, 2002², S. 33f.

76

selbst-produziert und somit ein Führungsproblem.

So viel vorweg, bevor nun einige Elemente des Entschlusses im Einzelnen betrachtet werden.

- **Überschauen**

  Wer entscheiden soll, muss sich einen Überblick über die Situation verschafft haben. Er muss die Verhältnisse genau kennen, alle Ideen, die aufgekommen sind, alle Ansichten und Interessen der Beteiligten und der Betroffenen. Er muss an dem Vorbereitungsprozess lückenlos teilgenommen haben.

- **Entscheiden**

  Im Prozess der Beratung kamen viele Optionen und Ansätze zur Sprache. Vielleicht gab es sogar am Ende zwei oder drei praktikable Lösungsmöglichkeiten für die anstehende Frage; und vielleicht ist es gar nicht leicht, sich dazwischen zu entscheiden. Aber diese Entscheidung ist jetzt erforderlich. Beraten kann man vieles nebeneinander, verwirklichen kann man nur *eines* davon. In der Beratung kann man vor- und zurückgreifen und vergleichen – die Entscheidung aber ist unwiderruflich. Was entschieden ist, wird durchgeführt.

  Wichtig ist auch: Von welcher Art sind die Entscheidungen? Werden mit der Entscheidung einzelne Ergebnisse festgelegt oder werden Wege geöffnet? – In einer dialogischen Kultur sind die fruchtbaren Entscheidungen die evolutiven, d. h. diejenigen, bei denen nicht alles ergebnishaft festgelegt wird. Die Entscheidung enthält dann einen Gestaltungsauftrag an die Ausführenden.

- **Gestalten**

  Das Entscheidende kommt erst nach der Entscheidung: Das Vorhaben wird durchgeführt. Oft hört man Klagen, dass Entscheidungen fallen, die so gar nicht realisierbar sind und deshalb im Sande verlaufen. Es gibt aber auch Fälle, wo nach gefällter Entscheidung nur deshalb gehandelt wird, weil ein Vorgesetzter formal darauf besteht. Er steht dann im Ruf der „Durchsetzungsfähigkeit"; weniger kommt in Betracht, ob es von der Sache her sinnvoll ist, was er da durchsetzt. – Und es gibt drittens Entscheidungen, die sind schon angemessen, aber die Verhältnisse verändern sich *danach*, und dann müssen auch diese Entscheidungen neu überdacht werden. Schon deshalb kann der Entschluss nicht einfach das Ende der Beratung sein, sondern der Anfang eines Gestaltungsprozesses. Man muss die Entscheidung bei allen Betroffenen und Beteiligten in geeigneter Weise bekannt machen; dann muss man sie nachhalten, begleiten, ggf. Realisierungshilfen geben und notfalls rechtzeitig revidieren.

- **Verantworten**
  Wer am Entschluss beteiligt ist, verantwortet ihn auch. Und umgekehrt: Wer verantworten soll, muss am Entschluss und seinen Vorläufen teilnehmen. Die Verantwortung betrifft das Vorgehen (Prozess-Verantwortung) ebenso wie die Ergebnisse des Handelns (Ergebnis-Verantwortung). Die getroffenen Entschlüsse und ihre Durchführung sind nach innen und außen zu vertreten. Die schlichte Auskunft „der Vorstand hat beschlossen ..." ist eine Leerformel. Natürlich kann sich niemand einfach über einen gefassten Entschluss hinwegsetzen, aber man darf erwarten, dass er erläutert wird. Sonst können sich die Mitarbeiter nicht damit identifizieren.

Je „dialogischer" eine Unternehmenskultur ist, um so selbständiger sind die Einzelnen und um so evolutiver im o. g. Sinne die Beschlüsse. Die Einzelnen sind mit all ihrer Urteils- und Ideenfähigkeit in den Vollzug der Beschlüsse einbezogen. Und die Verantwortlichen übernehmen ihre Verantwortung im Hinblick auf das Gelingen der dialogischen Prozesse, nicht im Hinblick auf vorab festgelegte Ergebnisse. Unternehmerisches Handeln besteht nicht darin, unerwartete Beschlüsse aus dem Hut zu zaubern und sie rigoros durchzusetzen, sondern wohl vorbereitete Beschlüsse zum richtigen Zeitpunkt zu fassen und dabei die davon Betroffenen angemessen einzubeziehen. Das heißt zugleich, die Betroffenen zu Beteiligten zu machen.

Zusammenfassend könnte man die Tätigkeiten des Entschlussprozesses so charakterisieren:

- Überschauen: Ich überblicke die Situation.

- Entscheiden: Ich stehe dahinter.

- Gestalten: Ich gebe dem Vorhaben eine flexible Kontinuität.

- Verantworten: Ich übernehme für das Einzelne wie für das Ganze die Verantwortung.

Abwege:

Auch beim Entschluss kann es Fehlformen geben, die zum Gegenteil des Wünschenswerten führen. Auf der einen Seite ist das dann der Fall, wenn so etwas wie Automatismus oder *Systemzwang* auftritt. Die beginnen schon dann, wenn statt der freien Überschau vor der Entscheidung die Dinge so dargelegt werden, dass sie Vorentscheidungen gleich kommen. Die Entscheidung selbst kann missbraucht werden zu unreflektiertem Vollzug allgemeiner Prinzipien. Man hat es dann schwer, sich damit individuell zu verbinden. An die Stelle konkreter Ausgestaltung kann Modelldenken treten: Ein theoretisch entwickeltes Handlungsmodell wird durchgeführt ohne Rücksicht auf die besondere Situation und auf Leistbarkeit durch die Beteiligten. Und schließlich gibt es noch die „Kollektivierungsfalle": Die Verantwortung wird nicht vom Einzelnen übernommen, sondern auf das System oder „das Team" abgeschoben und dadurch anonymisiert. Die Einzelnen entziehen sich vor allem dann, wenn es brenzlig wird, der Verantwortung.

Was Systemzwang auf der einen Seite ist, ist *Willkür* auf der anderen: Sie beginnt mit der selektiven Wahrnehmung der Tatsachen statt mit umfassender Überschau. Bei der Entscheidung selbst sind Vorteilsgesichtspunkte leitend: Die eigene Person steht im Mittelpunkt des Interesses; an die Stelle der Verantwortung für das Ganze tritt persönliche Machtausübung.

Beide Arten der Abweichung haben gravierende Folgen: Sie lassen die Individualitäten nicht zum Zug kommen und sie stehen nicht im Dienst des Ganzen. Andererseits sind sie mit einiger Menschenkenntnis leicht zu durchschauen.

Mit den dialogischen Prozessen sind Elemente beschrieben, die im Besonderen geeignet sind, die übliche Außenlenkung durch innere Freiheitsakte zu ersetzen:

Traditionen und Ideologien werden aufgehoben in der gemeinsamen Ideenbildung; der Blick auf die Individualität des einzelnen Menschen löst allmählich Rollenverhalten und Ämterhierarchie ab. Der eigenständige Blick des Einzelnen auf die gegebene Wirklichkeit ersetzt vorgesetzte Rahmenbedingungen und Vorschriften; das initiative Handeln steht an der Stelle von Anweisungen oder des Vollzugs vorher ausgedachter Detailplanungen.

Die dialogischen Prozesse unterscheiden sich von Strukturen oder auch von den Phasen der Organisationsentwicklung u. a. dadurch, dass jeder dieser Prozesse in jedem anderen enthalten ist. Zwar kann man sie nach Zielsetzung und Vorgehensweise eindeutig unterscheiden. Und doch müssen alle vier zusammenwirken: Mit individuellen Menschen haben wir es in jeder Phase der Arbeit zu tun (individuelle Begegnung); auf die eigenständige Urteilsfähigkeit jedes Einzelnen (Transparenz) kommt es ebenfalls bei allem an, was wir tun. Die Fähigkeit, mit Ideen aktiv oder passiv richtig umzugehen (Beratung), entscheidet über die Nachhaltigkeit des Unternehmenserfolges. Und im Entschluss sind die anderen dialogischen Prozesse sogar bis ins Einzelne präsent:

- Begegnung: Der Entschluss rechnet mit den menschlichen Situationen und Konstellationen, nicht nur mit Sachverhalten.

- Transparenz: Es muss *alles* berücksichtigt sein, auch das Fehlende oder noch nicht Gelungene.

- Beratung: Je nachdem, wie durchschlagend die Ideen gewirkt haben, so fällt auch der Beschluss aus. Entweder er ist impulsiv, voller Tatkraft. Oder er ist mehr resignativ; man entscheidet sich für das kleinere Übel, um die Sache endlich abzuschließen.

Im Entschluss werden die anderen drei Prozesse zum Ausgleich gebracht und mit der eigenen Individualität verbunden.

In dem Maße, in dem eine Realisierung der dialogischen Prozesse gelingt, sehen sich die Einzelnen zur Eigentätigkeit aufgerufen und leisten dadurch *gleichzeitig* ihren Beitrag zur Gemeinschaftsbildung. Keiner der Prozesse gelingt ohne innere Aktivität des Einzelnen – und doch führen sie zu einer wirkungsvollen Zusammenarbeit und zur Ausbildung eines Gemeinschaftsgefühls.

Individuelle Begegnung konfrontiert mich mit der unternehmerischen Natur des anderen und meiner selbst; Transparenz weckt den Sinn für Aufgabenstellungen in der gegebenen Situation; Beratung weckt den Impuls zu wissen, was ich will; und der Entschluss bewirkt Identifizierung des Einzelnen mit dem Ganzen. Die dialogischen Prozesse bahnen so geeignete Pfade zur Verwirklichung unternehmerischen Handelns im Einzelnen ebenso wie in der Gemeinschaft.

Die Verwirklichung des Dialogischen im Gespräch

Dialog" wird oft auf Gesprächsformen reduziert gedacht. In der „dialogischen Kultur" ist jedoch, wie bereits aufgeführt, seine Bedeutung wesentlich breiter. Das dialogische Element färbt aber selbstverständlich

80

auch auf die Gesprächssituationen ab. In ergebnisbezogenen Gesprächen (Arbeitskreisen, Konferenzen usw.) erlebt man oft die Tragik des unfreien Menschen, der zwischen Anpassung (an Vorgesetzte, Vorgaben, Prinzipien u. ä.) und Selbstverwirklichung hin und her schwankt. Wird Arbeit als Zwang empfunden, so erzeugt dies als polaren Gegensatz den Drang zur Selbstverwirklichung. Der aber kann genauso krankmachend sein wie der von außen erlebte Zwang. Wer „dialogisch" im oben beschriebenen Sinne vorzugehen versucht, kann diesem Dilemma entgehen.

Man kann sich entschließen, ein Gespräch so zu führen, dass sein Fortschritt „dialektisch", d. h. durch die Zurückweisung des jeweils Unzureichenden geschieht. Wir möchten diese Form hier „Diskussion" nennen. In einer üblichen Diskussion kann man verschiedene Elemente unterscheiden, die meistens auch als Gesprächsphasen hintereinander ablaufen:

1. Die Teilnehmer äußern ihre Ansichten.

2. Sie verteidigen sie gegen die Ansichten der anderen, möglichst ohne größere Abstriche von der eigenen Position.

3. Eine Position setzt sich durch (oder mehrere: Man spricht dann von „Kompromiss").

4. Was sich durchgesetzt hat, wird formal festgehalten und ausgeführt.

Durchsetzen wird sich hier der rhetorisch Gewandte. Emotionale Intelligenz und Durchsetzungskraft gelten als Tugenden des Managers im traditionellen Verständnis. Ob das Ergebnis auch sachlich das Bestmögliche ist, wird im Eifer des Durchsetzungskampfes oftmals von Prestigefragen überlagert. Erfolg bedeutet dann nicht, *das Bestmögliche* durchgesetzt zu haben, sondern *mich* durchgesetzt zu haben.

Eine Karikatur dieses Vorgehens ist es, wenn am Anfang von einer Respektsperson vor aller Diskussion gesagt wird, was gemacht werden soll, und das nachfolgende „Gespräch" nur noch der Rationalisierung und Absicherung des vorher gefassten Entschlusses dient. Eigene Beiträge der Teilnehmer können sich dann nur als Kritik am eingebrachten Vorschlag artikulieren – mit allen bekannten Fragen.

Wir können uns aber auch entschließen, ein Gespräch so zu führen, dass jeweils das Weiterführende aufgegriffen wird, wobei das (scheinbar oder tatsächlich) Unzureichende einfach hintan gestellt bleibt, ggf. gar nicht weiter erwähnt wird. Das ist eine genaue Umkehrung von „Diskussion": Dort stürzt man sich auf das Unzureichende, während das Weiterführende eines Beitrags oftmals übergangen wird. Die Form des „dialogischen" Gesprächs hat einige Vorzüge: An die Stelle persönlicher Zurückweisung tritt persönliche Ermutigung und damit die Qualität der individuellen Begegnung. Statt Informationen zu kanalisieren, wird transparent gearbeitet. Statt missliebige Ideen zu „killen", werden Ideen gefördert und ausgearbeitet und erst danach auf ihre Brauchbarkeit geprüft. Und an die Stelle des sich Durchsetzens bzw. Resignierens tritt der Charakter des Verstehens, Einsehens, sich Überzeugens. Es ist ein Unterschied, ob ein Ergebnis dadurch zustande kommt, dass man gegen eine sich langsam durchsetzende Meinung nicht mehr ankommt oder dadurch, dass eine bestimmte Überzeugung wächst.

Wie könnte also ein Gespräch im Sinne einer dialogischen Kultur ablaufen? Zum Beispiel so:

1. Die Einzelnen legen ihre Positionen dar, ohne gleich in eine Diskussion zu verfallen. Jeder hat dann das Panorama der im Kreise vorhandenen Ansichten vor sich.

2. Die Einzelnen fragen sich, was ihrer eigenen Sichtweise gefehlt hat, was sie also aus den Positionen der anderen lernen können. Sie weisen also nicht das (scheinbar oder tatsächlich) Unzuträgliche zurück, sondern greifen das Positive auf. Das Gespräch fokussiert sich auf das Positive, statt mit dem Ausschluss des Negativen okkupiert zu sein.

3. Aus diesen weiterführenden Gesichtspunkten bildet sich durch Abwägung und Differenzierung, vor allem aber auch durch Anregung zu neuer Ideenbildung ein gemeinsames Bild von dem, was zu tun ist. Es entsteht nicht, wie im zuvor genannten Falle, durch rhetorische Brillianz und Überredung, sondern durch sachgetragene Überzeugung der Beteiligten. Es gibt keine Sieger und keine Besiegten. Die Sache (die Handlung, das Unternehmen, die Zukunft) hat die Chance zur Optimierung. Günstigenfalls erscheint im Gespräch eine für alle Teile neue Ebene von Wirklichkeit, die die Beteiligten vereint.

4. Was sich auf diese Weise als Gemeinsames herausstellt, kann in der Regel von vielen eingesehen und deshalb auch mitgetragen werden. Die neue Wirklichkeit tritt an die Stelle „meiner" Sichtweise. Die Handlungsbasis ist breiter als im zuerst geschilderten Fall.

82

Diejenigen, die ursprünglich etwas anderes eingebracht hatten, sind nicht „geschlagen", sondern stehen, wenn es gelingt, hinter dem gemeinsamen Projekt. – Bei sorgfältigem Vorgehen wird sich in den meisten Fällen ein gemeinsames Bild wie von selbst herausstellen. Wenn das nicht der Fall ist, dann gibt es am Ende möglicherweise zwei (oder mehr) Modelle, zwischen denen eine Entscheidung getroffen werden muss. Es kommt dann darauf an, dass jedes dieser Modelle in sich konsistent und umfassend ausgearbeitet wird. Dabei kann man sich gegenseitig auch dann helfen, wenn man die gerade in Rede stehende Lösung selbst gar nicht präferiert. Ich interessiere mich auch für Positionen, die mir nicht von Anfang an liegen. Ich beteilige mich an der Ausgestaltung von Ideen als solchen ohne Rücksicht auf meine eigene Position, die sich ja im Grunde auch erst dann profilieren kann, wenn sich im Laufe des Gesprächs herausgestellt hat, welche Konsequenzen der Vorschlag des anderen hat. Vertrauensbildung und Commitment bedürfen bei diesem Vorgehen keiner eigenständigen Bemühung mehr. Sie sind von Anfang an integriert.

Um sich die Qualität eines dialogischen Gesprächs vor Augen zu führen, kann man sich bestimmte Fragen stellen (der Moderator sollte sie sogar ständig vor sich haben), z. B.

- Kann sich jeder einbringen? Kommt jeder zu Wort? Mit anderen Worten: Ist das Gespräch subjektgerecht?

- Wird alles so aufgenommen, wie es gemeint war? Mit anderen Worten: Ist das Gespräch sachgerecht?

- Wird man den geäußerten Ideen gerecht? Werden sie gefördert, vielleicht zu Ende gedacht? Mit anderen Worten: Ist das Gespräch ideengerecht?

- Werden die hinter den einzelnen Beiträgen liegenden Willensrichtungen deutlich oder bleiben sie im Verborgenen? Sind die Beiträge z. B. durch Anpassung oder durch Initiative (Handlungswille) bestimmt? Mit anderen Worten: Wird das Gespräch den Intentionen der Einzelnen gerecht?

Der Einzelne, der seine Beiträge zum Gespräch liefert, kann das auf verschiedene Weise tun, z. B.

- Jeder äußert, was er denkt (seine Sichtweise).

- Der Einzelne fügt ein, was seiner Sichtweise gefehlt hat, nachdem er die der anderen gehört hat.

- Eine neue Wirklichkeit erscheint und lebt im Denken der Beteiligten. Daraus kann der Versuch entstehen, unter dem Eindruck des Ganzen zu sprechen.

- Ich verbinde mich mit der neuen Wirklichkeit. Sie tritt an die Stelle *meiner* Sichtweise: Ich spreche in Verantwortung für das Ganze.

Wer sein Gesprächsverhalten von der gewohnten „Diskussion" auf „Dialog" umstellen möchte, wird – das lehrt die Praxis – gut daran tun, auf einige innere Einstellungen besonders zu achten. Zum Beispiel:

1. Man vermeide es, jede *sachliche* Gegenäußerung als *persönlichen* Angriff zu nehmen und entsprechend zu reagieren. Das übliche Abwehren des anderen im Vorfeld macht ein dialogisches Eingehen so gut wie unmöglich. Man interessiere sich stattdessen aktiv für jede abweichende Ansicht, da man davon nur lernen kann, und ermuntere den anderen ausdrücklich dazu, seine Gesichtspunkte so differenziert wie möglich vorzubringen.

2. Man versage es sich, hinter jeder Meinungsäußerung verborgene Absichten zu wittern. Wer immer im Hintergrund die Frage hat, worauf der andere denn eigentlich hinaus will, kann ein „Schattenboxen" kaum vermeiden, in dem die geäußerten Argumente als „uneigentlich" gelten und als Versteck für verborgene Motive. Diese innere Haltung hat einen sich selbst verstärkenden Zug: Nach kurzer Zeit glaubt man an die selbstsüchtigen Motive des anderen, selbst wenn man sie nicht durchschaut. Man versuche vielmehr, die eigenen Motive offen darzustellen (die anderen werden sie ja doch entdecken!) und bestehe auch bei den anderen Gesprächsteilnehmern darauf.

3. Lohnend ist auch der Kampf gegen eine emotionale Disposition, die besagt: Eine besonders gute Idee ist schlecht, wenn sie nicht von mir kommt. Deshalb wird sie von vornherein bekämpft. Hier steht die eigene Karriere bzw. das eigene Prestige im Vordergrund, nicht das Wohl des Ganzen. Man kann aber versuchen, seine eigenen Gesichtspunkte aus dem „großen Ganzen" zu nehmen und dies auch auszusprechen.

4. Der Umgang mit Ideen hat leicht die Schlagrichtung, dass ich sie nicht in ihrem Eigenwert sehe, sondern immer nur im Hinblick auf ihre mutmaßlichen Konsequenzen. Man kann hingegen versuchen, für den Bereich der Ideen eine gewisse Sensibilität zu entwickeln und darin arbeiten zu lernen.[116]

Unter den genannten Mängeln leiden Gespräche sehr häufig. Um so mehr lohnt es sich, darauf eine gewisse Aufmerksamkeit zu lenken. Man kann leicht bemerken, dass ein „dialogisches" Vorgehen beim Gespräch (im Unterschied zur Diskussion) nicht nur menschlich befriedigender ist, sondern auch sachlich erfolgreicher. Was also spricht eigentlich dagegen? Man kämpft sozusagen mit seinem „kleinen Ich", das seine eigene Ansicht durchsetzen will, und deshalb allen anderen Ansichten widerspricht. Das „größere Ich" will hingegen seinen Horizont erweitern und interessiert sich deshalb z. B. für andersartige Ansichten. Den Widerstreit zwischen beiden habe ich vor allem mit mir selbst auszumachen.

Dies führt nun zum Anliegen des nachfolgenden Kapitels. Bei jedem der dialogischen Prozesse wurde deutlich, dass ihr Gelingen von der Selbstentwicklung der Einzelnen abhängt. In der dialogischen Unternehmenskultur tritt an die Stelle der Führung durch andere immer mehr eine Selbstführung der Einzelnen. Selbstführung liegt den dialogischen Prozessen zugrunde und wird gleichzeitig durch diese herausgefordert. Das Gelingen der dialogischen Kultur hängt in hohem Maße von den Fähigkeiten und dem Willen der Einzelnen ab. Darauf zielt schon das bekannte, Galilei zugeschriebene Wort: „Man kann einen Menschen nichts lehren; man kann ihm nur helfen, es in sich selbst zu entdecken." Worauf bei diesem Selbst-Entdecken besonders geachtet werden kann, ist Gegenstand des nächsten Kapitels.

---

116 Weitere Anregungen zum Gespräch bei KARL-MARTIN DIETZ, Dialog, a. a. O.

Fragen des Übergangs:
Von der Führung zur Selbstführung

Wird meine Denk- und Urteilsfähigkeit von meinen Meinungen oder Vorlieben in Dienst gestellt? Dient meine Erkenntnistätigkeit der Bemühung, dasjenige zu bestätigen und zu verteidigen, was ich ohnehin gerne glaube und tue? Oder setze ich meine Urteilskraft dazu ein, meine Vorstellungen und Meinungen zu prüfen und zu verändern? Weiß ich, was ich will – und *warum* ich das will, was ich will?

Wonach richte ich mein Leben aus? Dient alles, was ich tue und anstrebe, der Selbstverwirklichung? Wird alles, was ich veranstalte, meinen personbezogenen Zwecksetzungen untergeordnet? Dient meine Tätigkeit im Unternehmen in erster Linie der eigenen Karriere? Versuche ich, möglichst gut „durchzukommen"? Oder gestalte ich mein Leben und Handeln eigenständig aus einem Engagement für das Ganze, als dessen Glied ich mich empfinde? Fühle ich mich verantwortlich nur für mich selbst oder auch für dieses Ganze? Verantworte ich, was ich tue? Will *ich* das, was ich *will*?

Sind mir Strukturen wichtiger als Prozesse? Betrachte ich die anderen Menschen nach ihrer Rolle und ihrem Verhalten? Versuche ich, den Umgang mit anderen Menschen zu organisieren, d. h. vorgefertigten Abläufen zu unterwerfen, die ich handhabe, ohne mich mit ihnen existentiell zu verbinden? Oder versuche ich, mich selbst und die anderen Menschen als selbständige geistige Individualitäten zu sehen?

Dann kann ich mich dazu entschließen, den anderen Menschen ernst zu nehmen und mein Verhältnis zu ihm umzuwenden: Nicht ihn auf mich selbst zu beziehen und nach meinem Gefallen oder Nutzen zu fragen, sondern mich „ihm selbst" zuzuwenden. Mich dafür zu interessieren, wie er denkt, fühlt und welche Handlungsziele er hat.

86

Und wenn ich mich nicht für ihn interessieren kann, dann tue ich auch nicht so, als ob. Das bringt Aufrichtigkeit in die Beziehung zwischen Menschen und damit eine erste wichtige Grundlage des Vertrauens.

Wenn mir jemand etwas sagt (erwidert, vorwirft, zumutet), dann schließen sich für mich daran zwei ganz verschiedene Fragen. Die erste ist, ob das stimmt, was er da sagt. Dabei vergesse ich oft die zweite, die mit der ersten gar nichts zu tun hat: *Warum* er das zu mir sagt. Warum reagiert er so, wie er reagiert? Warum hat er die vorgefassten Denkmuster, die mir so seltsam vorkommen?

In dieser Hinsicht wird mein Interesse gerade dadurch geweckt und gesteigert, dass der andere Dinge sagt, die mir auf den ersten Blick nicht nachvollziehbar sind. Wenn ich ihn ernst nehme, versuche ich, seine Gedanken und Gefühle aus ihm selbst heraus zu verstehen. Diese innere Umwendung kann ich in jeder Lebenssituation probieren.

Dass mir das auch einigermaßen glückt: dazu dient meine Bemühung um Selbstführung.

4 Selbstführung

4.1 Selbstentwicklung im Geiste der Individualisierung

Die dialogische Kultur evoziert Fähigkeiten, die noch vor wenigen Jahrzehnten nicht in diesem Ausmaß gefragt waren. Davon zeugt die Entdeckung allgemein menschlicher „Kompetenzen" als Grundlage für berufliche Qualifikationen, der so genannten Schlüsselqualifikationen.[117] Über die Sachkompetenz hinaus sollen jetzt eigenständiges Denken, Urteilsvermögen und Verantwortungsfähigkeit verstärkt ausgebildet werden: Methodenkompetenz und Sozialkompetenz. Als Sozialkompetenz gilt die Fähigkeit zur Kommunikation in gruppendynamischen Prozessen. Methodenkompetenz ist die Fähigkeit der Anwendung von Modellen oder Managementtechniken zur Entscheidungsfindung.[118] Ihre Bezeichnung als „Schlüsselqualifikationen" deutet darauf hin, dass sie als „Schlüssel" für berufliche Qualifikation dienen, also nicht um ihrer selbst willen erworben werden. Sie gelten als „trainierbar" im Sinne von Personalentwicklung, und ihre Entdeckung hat ein beträchtliches Fortbildungswesen nach sich gezogen. Diese Entwicklung ist ambivalent. Auf der einen Seite geraten allgemein-menschliche Eigenschaften in den Fokus der Aufmerksamkeit, die vorher in der Arbeitswelt eher ausgeblendet blieben. Noch vor wenigen Jahrzehnten hätte ein Mitarbeiter, der sich beim Vorstellungsgespräch als „kreativ" gerierte, wohl eher den Schrecken des Chefs erregt. Gefragt waren da Ordnung, Pünktlichkeit, Gehorsam und Fachkenntnis. Auf der anderen Seite erhebt sich die Frage, ob denn jetzt auch das Allgemein-Menschliche für Unternehmenszwecke instrumentalisiert werden soll. Zur Zeit des Taylorismus betraf die Instrumentalisierung ja nur die körperliche Bewegung. Diese Ambivalenz wird aufgehoben in der dialogischen Unternehmenskultur. Hier verschwindet idealiter der Unterschied zwischen dem Unternehmenszweck und der Lebensführung des Einzelnen. „Arbeiten" bedeutet hier nicht, seinen „Menschen" an der Garderobe abzugeben bzw. auf wenige Effizienzquotienten reduzieren zu müssen. Deshalb ist der

---

117 D. MERTENS, „Schlüsselqualifikationen: Thesen zur Schulung für eine moderne Gesellschaft", in: Mitteilungen aus der Arbeitsmarkt- und Berufsforschung 7 (1974) 1, S. 36-43; L. REETZ, „Schlüsselqualifikationen aus bildungstheoretischer Sicht", in: R. ARNOLD, H. J. MÜLLER (Hg.), Kompetenzenentwicklung durch Schlüsselqualifikationen, Hohengehren 1999
118 OTTMAR SCHNECK, Lexikon der Betriebswirtschaft, München 1994, 2. Auflage, S. 602f.

Begriff „Selbstführung" ernst zu nehmen. Die hier zu entwickelnden Fähigkeiten können nicht von außen „trainiert" werden. Sie unterliegen der freien Selbstgestaltung des Einzelnen. Wohin ich mich entwickle, mit welchen Mitteln und wie weit, liegt in der individuellen Freiheit. Das Folgende enthält also keine Trainingsprogramme, sondern einige Gesichtspunkte für die Selbstführung.

Wo dabei heute die spezifischen Aufgaben liegen, ist vor dem Hintergrund der Individualisierungsdebatte genauer zu beschreiben. Durch das Zurückweichen der Traditionen in der „Freisetzungsdimension"[119] entsteht eine grundlegende Unsicherheit. Sie gilt für den Einzelnen ebenso wie für „die Menschen" im gegenwärtigen Zeitalter. Welche Möglichkeiten bieten sich an, um die Unsicherheit zu überwinden?

- Man könnte die abgelegten Traditionen und Fixierungen einfach hinter sich lassen und zu neuen Ufern aufbrechen wollen. Aber das wäre wohl ein Fehler. Denn alles Neue baut auf Altem auf. Auch dann, wenn es sich um Ruinen handeln sollte. Eine erste Aufbauhilfe kommt aus der Vermessung (dem Verständnis usw.) des Alten, das am Verschwinden ist. Wie ist es entstanden? Was hat es geleistet? Warum haben die einzelnen Gewohnheiten, Traditionen oder Ideologien gerade so ausgesehen, wie sie ausgesehen haben? Warum habe ich mich (haben wir uns) diesen Vorgaben bis anhin problemlos unterworfen? War in dem Protest, von dem ein Aufbruch immer begleitet ist, schon das Neue darin oder nur Widerstand gegen das Alte? War in den alten Werten noch ein unausgeschöpftes Potential, das man (vielleicht in anderer Form) beachten sollte? Dann aber auch: Wo kommt der Auf- und Abbruch her? Welche Kräfte treiben ihn? Gibt es nicht nur neue Ziele, sondern auch Interesse daran, dass sie nicht so recht zur Geltung kommen? – Wir kommen mit diesem ersten Punkt tief in die Verhältnisse des gegenwärtigen Zeitalters hinein. Dies sollte man sich nicht ersparen. Nicht aus antiquarischem Interesse, sondern um erste Anhaltspunkte zu einer Orientierung in der Gegenwart zu finden: durch Verständnis des Hergebrachten, bis in die Gegenwart Reichenden und als unzureichend Empfundenen.

---

119 Siehe oben Kapitel 1.1

- Die Freisetzung von alten Werten und Traditionen bringt die Gefahr mit sich, dass man sich in dem plötzlich (und oft auch ungewollt) entstehenden Freiraum gemütlich einrichtet. Die Gesichtspunkte des Hedonismus und der Wellness gewinnen plötzlich an Bedeutung. Das Leben wird angenehmer, wenn man „Freiräume" hat. Man hat die alten abgelebten Verhältnisse als Zwang erlebt und sieht jetzt nur dessen Schwinden. Wenn es jemanden gäbe, der wollte, dass nichts Neues entsteht, er würde dafür sorgen, dass man gewählte „Freiräume" schon für Freiheit hält.

- Eine nächste Gefährdung des Unternehmens „Individualisierung" kann dadurch geschehen, dass man die verlorene Außen-Orientierung durch eine ebensolche, nur andersartige, zu ersetzen versucht. Wenn nicht Kirche, dann indischer Guru, wenn nicht Wissenschaft, dann Yoga, wenn nicht westlich-industrieller Lifestyle, dann eben ein alternativer (jedoch ebenso festgelegter). – Hier kommt es darauf an sich klarzumachen, dass die eingetretene Umwälzung noch viel tiefer geht. Es gilt nicht nur, alte Orientierungen durch neue zu ersetzen, sondern: die neue Orientierung *in sich selbst* zu finden. Macht man sich dieses klar, so gibt es zweierlei Aufgaben: sich ganz auf sich selbst zu besinnen und aus sich selbst heraus zu handeln (Initiative statt Beauftragung) einerseits und ein eigenes Verhältnis zur Umwelt, den Gegebenheiten usw. herzustellen (Urteilsfähigkeit) andererseits.

- Das Verhältnis zur Umgebung, zur „Welt": Ich kann es eigenständig nur gewinnen, wenn ich nicht an den Erscheinungen (Phänomenen) als solchen hängen bleibe, sondern nach den wirkenden Kräften frage. Wie hat sich die Welt als solche verändert (z. B. bzgl. Globalisierung, Umweltproblematik)? Wie stehe ich heute anders als früher in der Welt (z. B. nicht mehr als unbeteiligter Beobachter, sondern als Akteur, von dessen Verhalten und Tätigkeit der Zustand der Welt abhängt)? Hier steht heute alles auf dem Prüfstand: Das Makrosoziale, das Mikro- und Mesosoziale, die Umwelt, der Kosmos. Hier ist ein neuer Blick erforderlich, der erstens global ist (jede Beschränkung auf Teilsegmente ist im Ansatz falsch), andererseits innovativ (ich muss die Dinge anders sehen als früher) und schließlich existenziell-verantwortlich. Erkenntnis ist kein unverbindliches Spiel, sondern ein existenzieller Akt: Die Zukunft hängt davon ab.

- Besinnung auf mich selbst. Der Blick in die Welt erzeugt nicht, wie früher oftmals erlebt, unmittelbare Handlungsimpulse: Die Verhältnisse (die Vorgesetzten, mein Wissen usw.) sagen mir von allein, was ich zu tun habe. Früher wusste ich, was gut und was schlecht ist. Mit dieser einfachen Unterscheidung ist es jetzt vorbei. Die Welt, auch wenn ich mich ihr liebevoll, detailreich und global zuwende, enthält keine unmittelbaren Handlungsimpulse für mich. Diese muss ich vor dem Horizont des Erkannten aus mir selbst heraus gewinnen. Was hier gut ist, kann dort schlecht sein. Was mit bestem Willen geschieht, kann sich katastrophal auswirken. Weltverständnis und Selbstverständnis hängen einerseits viel enger zusammen als früher, andererseits driften sie auseinander. Ich muss mich selbst „dazwischenwerfen".

- Die Leistung des Ich. Nicht umsonst tobt heute der Streit um die Frage, ob es ein „Ich" überhaupt gibt und wie es mit der Freiheit des Willens steht (ohne die alle Überlegungen dieser Art von vornherein inkonsequent wären). Das, was ich brauche, um die neue Situation zu bewältigen, wird erst einmal massiv in Frage gestellt. Die Kraft des Ich ist nicht eine Instanz auf Vorrat, die ich jetzt (endlich) anwenden kann, sondern sie muss erzeugt werden, wenn ich sie in Anschlag bringen will. Ich muss sie aber in Anschlag bringen, denn alle anderen „Anschläge" zählen nicht mehr. Im Ich fallen Subjekt und Objekt, Tätigkeit und Ergebnis zusammen. Das macht es ungewohnt und schwierig, aber zugleich auch reizvoll und notwendig. Denn dieses Zusammenfallen ermöglicht, dass ich in mir selbst gefundene Orientierungssicherheit gewinnen kann.[120]

- Eine neue Dimension gewinnt die Bemühung um die Leistung des Ich dadurch, dass ich ja nie allein stehe, sondern mit anderen zusammenlebe und -wirke, die in vergleichbarer Situation sind. Mein Einzelwirken funktioniert nicht ohne Zusammenwirken mit anderen. Individualismus wird auf Grund der Individualisierung zum Sozialprinzip. Wie unter diesen Verhältnissen Verträglichkeit, Effizienz (Fruchtbarkeit) und Verantwortung der Einzelnen für das Ganze entsteht, ist im vorangegangenen Kapitel beschrieben. Im folgenden geht es um die Konsequenzen

---

120 Näheres siehe KARL-MARTIN DIETZ, Individualität im Zeitenschicksal. Gefährdung und Chancen, Stuttgart 1994

92

daraus, dass niemand anders als ich selbst die „Wende" einleiten kann, die aus außengelenkter Führung Selbstführung macht.

Schon im vorigen Kapitel wurde deutlich: Dialogische Führung ist kein Programm und kein Verfahren; sie beruht auf der Entwicklung innerer Haltungen. Sie läuft von Anfang an auf Selbstführung hinaus. Wenn ich an einer dialogischen Unternehmenskultur mitarbeite, habe ich innere Umwendungen gegenüber den gewohnten Denk- und Lebensgewohnheiten im Blick und arbeite an einer Vereinigung von Individual- und Sozialkompetenzen:

- Individuelle Begegnung nimmt die Würde des einzelnen Menschen ernst und sucht sie in den Ausprägungen der Persönlichkeit auf.

- Transparenz erfasst die Gesamt-Situation eines Unternehmens. Sie ermöglicht, die Einzelheiten in ihrem Zusammenhang zu erfassen und im Einzelnen das Ganze zu finden. Sie befähigt den Einzelnen zu einem eigenständigen Blick auf das gemeinsame Ganze.

- In der Beratung wird die nähere und fernere Zukunft aus den Zielsetzungen des Unternehmens heraus gestaltet. Ideen werden gepflegt als Wegweiser in eine offene Zukunft und nicht in erster Linie, um definierte Probleme zu lösen.

- Der Entschluss-Prozess konzentriert die Verantwortlichkeit der Einzelnen für das Ganze. Er ermöglicht und erfordert, sich mit dem Unternehmen zu identifizieren.

Diese Umwendungen beruhen auf bewussten Leistungen des Ich. Man muss sie nicht nur kennen und wollen, sondern auch „können". Dazu einige Gesichtspunkte.

4.2 Denken

Nicht umsonst betont Peter M. Senge[121] neben der individuellen Weiterentwicklung („personal mastery") vor allem eine Schärfung und Schulung des Denkens („Systemdenken"). Das ist im Kontext unserer Zeit zweifellos ungewohnt. Denn hier geht es um die Beschäftigung mit Denkformen und

---

121 PETER M. SENGE, Die fünfte Disziplin, a. a. O.

93

Denkfähigkeiten, die man früher vielleicht philosophisch ambitionierten Leuten als Feierabendbeschäftigung zubilligte, die jedoch in der Zwischenzeit einigen Generationen obsolet erschienen waren.[122] Warum sind sie inzwischen so wichtig geworden?

Anforderungen

Die Gedanken, die ich mir als unternehmerischer Mensch mache, dürfen heute weniger denn je am Werkstor enden. Ich habe die Lieferanten ebenso einzubeziehen wie die Kunden und das wirtschaftliche und politische Umfeld. Das ist im Zeitalter zunehmender Globalisierung eine wachsende Herausforderung. Die Grenzen meines Verantwortungsraumes haben sich weit über das Unternehmen im engeren Sinne hinausgeschoben. Wie kann ich dem gerecht werden?

Zu den Anforderungen an ein unternehmerisches Denken gehören insbesondere folgende Fähigkeiten:

- Umgang mit Komplexität, Diversität, Disparität:
  Wie kann ich die Vielfalt der Erscheinungen erfassen, ohne sie zu reduzieren; und auch solche Erscheinungen zusammenschauen, die sich scheinbar widersprechen? – Wer das nicht bewältigt, reduziert die Wirklichkeit, in der er sich bewegen will, bevor er ihr überhaupt nahe kommt. Er reduziert sie meistens auf Bekanntes oder ins Auge Fallendes. Der sprichwörtliche Bildzeitungsleser wird zufrieden gestellt durch Sex und Klatsch. Skandale nähren seinen täglichen Entrüstungsbedarf. Im wirklichen Leben gilt es jedoch, auch disparate Botschaften anzunehmen und scheinbare Widersprüche nicht dadurch zu tabuisieren, dass man darauf verzichtet, sie zu verstehen; auftretende Widersprüche sollten auf jeden Fall zur Erweiterung des eigenen Horizonts genutzt werden (siehe Kapitel 3: Transparenz).[123]

- Antizipation
  Unternehmerisches Denken geht über den Augenblick hinaus. Das geschieht auf der einen Seite durch Kreativität und Phantasie[124], auf der anderen Seite aber auch schon dadurch, dass man mit den

---

122 Näheres bei KARL-MARTIN DIETZ, Die Suche nach Wirklichkeit, Stuttgart 1988, S. 90-126; KARL-MARTIN DIETZ, Gemeinschaft durch Freiheit, a. a. O., S. 24-53
123 Näheres bei FREDERIC VESTER, Die Kunst, vernetzt zu denken [1999], München 2002
124 Näheres dazu in Kapitel 3 unter „Beratung".

Konsequenzen dessen rechnet, was man tut. Das ist eine Ausdehnung von Erkenntnis.[125] – Kenne ich die sozialen, psychologischen und wirtschaftlichen Gesetzmäßigkeiten, die den Folgen meines Handelns zugrunde liegen? Kann ich ermessen, wie sie sich im konkreten Fall auswirken werden? Kann ich die Reaktion meiner Partner abschätzen, d. h. die durch mein Handeln eingetretene Situation mit den Augen der anderen Beteiligten sehen?

Alles Handeln geht in die Zukunft. Ohne Zukunftsinteresse bräuchte ich nicht nach Orientierung zu suchen; ich könnte mich mit gegenwartsbezogener Wohlfühlzufriedenheit begnügen. Die Zukunft aber entsteht durch Tatenfolgen. Wenn ich ein Bauwerk plane, muss ich nicht nur die Herstellungskosten kalkulieren, sondern auch die Folgekosten und mögliche Nutzungsänderungen in der Zukunft. Ich kann mir z. B. folgende Fragen stellen:

— Welche sachlichen Folgen hat mein Handeln?

— Wie verändert sich das Ganze durch meine Handlung?

— Welche Prozesse (nicht nur Fakten) stoße ich an?

— Habe ich mir klargemacht, was ich tue, wenn mein Vorhaben nicht in der beabsichtigten Weise gelingt? Welche Pannen oder Fehler könnten auftauchen?

— Wenn ich eine Konsequenz „androhe", muss ich auch konsequent bleiben. Will ich das wirklich oder nehme ich einen Rückzug in Kauf?

— Wie wirke ich auf andere Menschen? (z. B. mitreißend oder lähmend?)

— Wie werden die anderen reagieren? Welche emotionalen Reaktionen kann mein Handeln hervorrufen?

— Zerstöre ich anderen ihre Illusionen oder gebe ich seelischen Halt?

— Lasse ich den anderen Spielraum für eigene Entscheidung? Wie beziehe ich sie *aktiv* ein?

— Behalte ich das Wesentliche im Auge? Lohnt sich der (geplante) Einsatz wirklich?

---

125 Zu Antizipation als unternehmerischer Fähigkeit s. GÖTZ W. WERNER [Publikation in Vorbereitung]

- Entschleunigung

  Wer unternehmerisch handeln will, muss effizient zugreifen – aber davor steht die Anforderung, sich die Situation vollständig bewusst zu machen. Das heißt in der Regel, Entscheidungen nicht zu übereilen. Goethes „Maxime" „Es ist nicht genug zu wissen, man muß auch anwenden; es ist nicht genug zu wollen, man muß auch tun!"[126] spricht bestenfalls denjenigen Teil der Wahrheit aus, der für unternehmerische Menschen ohnehin selbstverständlich ist. Das Umgekehrte gilt aber genauso: Man muss nicht nur handeln, sondern sich auch klar darüber sein, was man tut und warum. Vor der Effizienz steht das gründliche Nachdenken, sonst ist es auch mit der Effizienz nicht weit her.[127] Das sind eher ungewohnte Gesichtspunkte, entstanden unter der Zielsetzung zunehmender Selbst-Orientierung des Einzelnen.

- Adlerblick

  Es bedarf der Fähigkeit, eine Situation „von ganz weit oben" zu betrachten, sich einen Überblick zu verschaffen, ohne dabei die Einzelheiten aus dem Auge zu verlieren. Das bedeutet zugleich, in der Betrachtung immer wieder den eigenen Standpunkt wechseln zu können (Näheres dazu oben unter „Transparenz").

- Entformalisierung des Denkens

  Wer sich einer Situation nicht gewachsen fühlt, versucht manchmal, sich in formales Denken zu retten. Er verteidigt dann als „logisch" oder „methodisch richtig", was in Wirklichkeit soziales Unheil anrichtet. Die tatsächliche Situation wird nicht erfasst. Logisches Denken dient hier nur der Absicherung. Man kann *begründen*, warum man so oder so gehandelt hat. Um wirklich *fruchtbar* zu handeln, braucht man ein gestaltendes oder intuitives Denken.[128]

- Selbsterkenntnis

  Dem unternehmerischen Denken können auch Hindernisse entgegenstehen, die der jeweiligen Persönlichkeitsstruktur entspringen: negative Einstellungen gegenüber der eigenen Person, den eigenen Fähigkeiten oder der Zukunft, Pessimismus, Selbstunsicherheit,

---

126 JOHANN WOLFGANG VON GOETHE, Maximen und Reflexionen, Nr. 689, hg. von MAX HECKER, Frankfurt/Main 1976
127 Vgl. GÖTZ W. WERNER, „Unternehmergeist – Anfängergeist", a. a. O., S. 62-67
128 Näheres: RENATUS ZIEGLER, Intuition und Ich-Erfahrung, a. a. O.

Einfallsarmut, Orientierungslosigkeit und zirkuläres Grübeln oder auch Angst bzw. aggressives Verhalten gegenüber Mitmenschen. Inwieweit orientiere ich mich eher an Misserfolgen als an Erfolgen, pflege eine Rückzugs- bzw. Vermeidungshaltung und fliehe vor Verantwortung? Das alles geschieht nicht selten. Für extreme seelische Dispositionen können sogar „dysfunktionale kognitive Schemata" aufgestellt werden: „Typische kognitive Verzerrungen und dysfunktionale Kognitionen sind: Willkürliche Schlussfolgerungen, selektive Abstraktionen, Personalisieren, Übergeneralisieren, Magnifizieren negativer Erfahrungen, Minimieren positiver, erfolgreicher Erfahrungen, moralisch-absolutistisches Denken und ungenaues Benennen."[129] Auch „automatische Gedanken" und schwer auflösbare „Grundüberzeugungen" gehören in diesen Zusammenhang.

Mentale Modelle

Eine weitere wichtige Anforderung besteht daher darin, die eigenen geistigen Prägungen zu durchschauen. Mentale Modelle halten uns dadurch gefangen, dass sie unbewusst zum Maßstab der Urteilsbildung gemacht werden. Sie bestimmen unsere Eindrücke schon im voraus und beeinflussen die Zielsetzungen des Handelns: was man für wahr hält, was man für wichtig hält, was man für möglich hält oder was man erwartet. „Strukturen, die uns nicht bewusst sind, halten uns gefangen."[130] Wir begegnen in Wirklichkeit nicht den (immer neuen) Situationen des Lebens, sondern sitzen in unserem Vorstellungsgefängnis, ohne es zu merken. Die mentalen Modelle des eigenen Bewusstseins aufzudecken, gehört deshalb zu den wichtigsten Leistungen des gegenwärtigen Menschen.

So gibt es einige in unserer Zeit weit verbreitete Grundannahmen, die sich in der Zusammenarbeit als kontraproduktiv erweisen können, z. B.:

- Der so genannte „Konstruktivismus", der davon ausgeht, dass es eine „Wirklichkeit", deren Erkenntnis man anstreben könnte, überhaupt nicht gibt; vielmehr sei alle so genannte „Wirklichkeit" das Konstrukt psychischer Projektionen oder neuronaler Vorgänge. – Dass unter dieser Prämisse Individualität und Freiheit Illusionen

129 M. HAUTZINGER, Depression, Göttingen 1998, S. 32f.; siehe dazu auch K.-M. DIETZ, „Sachlichkeit. Aspekte und Konsequenzen der so genannten Nebenübungen am Beispiel der ‚Gedankenkontrolle'", in: Konturen 7, Heidelberg 1996, S. 11-56; sowie „Positivität", in: Konturen 8, Heidelberg 1997, S. 9-66
130 PETER M. SENGE, Die fünfte Diszilin, a. a. O., S. 118

sind, durchschaut man dabei oft nicht, ebenso wenig wie die prinzipielle Selbstwidersprüchlichkeit dieser Auffassung.[131]

- Ziel des gemeinsamen Handelns ist es oftmals, dass sich möglichst alle wohl fühlen. Man könnte dies den Wellness-Aspekt im Sozialen nennen, der gelegentlich die Stelle anderer Zielsetzungen einnimmt. Er ist insofern gefährlich, als man sich auch gerade dann wohlfühlen kann, wenn die real existierenden Probleme aus dem Blick geraten. Unter dieser Vorgabe kommt ein „gemeinsames" Handeln nur insoweit zustande, als es der kollektiven Abwehr gegen unliebsame Einflüsse der Realität gilt. Man baut dann z. B. Kritikern gegenüber gemeinsam ein Feindbild auf, statt sich nach der sachlichen Berechtigung der Kritik zu fragen (kognitive Dissonanz).

- Gilt der Mensch als genetisch, psychisch oder gesellschaftlich vorgeprägt, so braucht man über „Autonomie", „Freiheit" u. ä. nicht weiter zu diskutieren und sollte stattdessen lieber das Strafrecht ändern. Denn er ist ja dann für das, was er tut, nicht persönlich verantwortlich.

Gerade in Zeiten gesellschaftlichen Wandels sind es oftmals die Restgrößen einer abgelegten Zeit (Traditionen, Instinkte, Verhaltensnormen usw.), die, wenn sie undurchschaut bleiben, alle Versuche behindern, zu neuen Lösungen zu kommen.

Zu den mentalen Modellen gehören auch solche Haltungen gegenüber dem Denken, die unhinterfragt als „normal" gelten. Wer sie in Frage stellen will, bekommt schon allein dadurch ein Akzeptanzproblem. Das sind insbesondere die „Fluchtbewegungen des gegenwärtigen Denkens"[132], z. B.:

- Relativismus: „Prinzipiell hat niemand recht, auch ich nicht."

- Opportunismus: „Die Verhältnisse bestimmen mein Denken und Handeln."

- Eskapismus: „Denken ist verkopft. Wichtiger ist, dass die Gefühle stimmen."

- Fundamentalismus: „Ich weiß doch, was richtig ist; es kommt darauf an, das durchzusetzen."

---

131 KARL-MARTIN DIETZ, Die Suche nach Wirklichkeit, a. a. O.; STEFAN BROTBECK, Das entzauberte Hirngespinst, Leipzig 2007
132 KARL-MARTIN DIETZ, Gemeinschaft durch Freiheit, a. a. O., S. 39-48

98

Zur Selbstimmunisierung dienen dabei häufig zwei konstruktivistische Grundannahmen (s. o.):

- Denken ist subjektiv. Eine mit dem Denken zu erfassende Wirklichkeit außerhalb des menschlichen Meinens gibt es nicht.

- Denken ist Funktion von Hirnphysiologie und damit genetisch determiniert. Ich kann meine Hirnstruktur nicht überwinden.

Wer diese Positionen hinterfragen will, gilt als Sonderling. Wer allerdings miterlebt hat, wie sich innerhalb kürzester Zeit „ewige Wahrheiten", beispielsweise der Hirnforschung, in ihr Gegenteil verkehren, der wird schon geneigter sein, sein Urteil in Fluss zu halten.[133] Stefan Brotbeck hat kürzlich die Gleichsetzung von Denken und Hirnfunktion als „Phantomgedanken" entlarvt.[134]

Mentale Modelle verstärken und stützen sich gegenseitig. Wer an dem einen rüttelt, muss bald auch das nächste in Frage stellen. Da das möglicherweise schmerzhaft ist, immunisiert man sich lieber gegen jegliches In-Frage-Stellen der unbewusst eingenommenen Positionen. „Denken" dient dann nicht der Erkenntnis, sondern der Rationalisierung von Vorgaben. Der Denkende – so eine bekannte Formulierung – hält sich an das Denken wie der Betrunkene an die Laterne: Nicht zur Erleuchtung, sondern als Stütze.

Wer jedoch mit den eigenen mentalen Modellen bewusst umgeht, kommt in eine fruchtbare Auseinandersetzung mit sich selbst. Man kann hier an den verbreiteten Spruch denken: Was wir Wahrheit nennen, sind nur die Irrtümer, die wir noch nicht durchschaut haben. Diese etwas zynische Weisheit gilt jedenfalls gegenüber unseren unbewussten Voreinstellungen. Von Menschen, die in mentalen Modellen gefangen sind, handelt das Märchen „Des Kaisers neue Kleider" von Andersen: „Ihre feste Vorstellung von der Würde des Monarchen hinderte sie daran, den nackten Mann als das zu sehen, was er war."[135] Es bedurfte des mental nicht vorgeprägten Kindes, um die Vorstellung zu entlarven und auf die Wahrnehmung zu verweisen. Und dann entdeckten es plötzlich alle. Jeder konnte auf das „Kind" in sich selbst zurückgreifen. – Aus unbemerkten

---

133 Zur Umwendung der Hirnforschung siehe z. B. GERALD HÜTHER, Bedienungsanleitung für ein menschliches Gehirn, Göttingen 2005; GERALD HÜTHER, Die Macht der inneren Bilder, Göttingen 2004
134 STEFAN BROTBECK, Das entzauberte Hirngespinst, a. a. O.
135 PETER M. SENGE, Die fünfte Disziplin, a. a. O., S. 213

„Besetztheiten" entspringt die Selbstverständlichkeit, mit der man die eigene Position für die „normale" zu halten geneigt ist; besonders dann, wenn sie durch andere noch bestätigt wird. Und solche „andere" finden sich fast immer, z. B. in Form von Gruppendruck. Aber hinter dem Brustton der Überzeugung verbergen sich oft genug Unsicherheit und Mangel an Erkenntnisbereitschaft.

Es ist daher eine hoch aktuelle Aufgabe der Selbstführung, die festen Vorstellungen zu durchschauen und wieder in Fluss zu bringen. Das geschieht zum Beispiel dadurch, dass ich Intuition und Beobachtung zu den Quellen meiner Vorstellungsbildung mache, statt Theorie und Tradition.[135] Das Leben ist ja keine Nummernrevue, sondern alles hängt mit allem zusammen. Alles bezieht sich auf alles. – Die Auflösung fester Vorstellungen beginnt schon damit, die Urteilsbildung so lange wie möglich zurückzuhalten und nicht der gewohnten seelischen Automatik nachzugeben. Schon die Urteilsenthaltung ist eine starke Leistung des menschlichen Ich! – Weiteres kommt hinzu:

In Prozessen Denken

Zur Erkenntnisleistung gehört es auch, Zusammenhänge nicht einfach in linearer Kausalität zu denken, sondern in Wechselwirkungen.[136] Eine solche Wechselwirkung besteht beispielsweise zwischen dem Ganzen und den Einzelheiten. Das Ganze bestimmt die Einzelheiten – und die Einzelheiten bestimmen zugleich das Ganze; wie bei einem Fluss: Das Wasser gräbt das Flussbett; zugleich lenkt das Bett das Wasser und wird durch dieses seinerseits verändert. In sozialen Situationen gibt es zwischen den Beteiligten ähnliche Wechselwirkungen. Nur indem man Prozesse denkt statt Zustände, kommt man den Phänomenen des sozialen Lebens näher. Wie sich der andere mir gegenüber verhält, hängt (auch) von mir ab – und wie ich mich verhalte, hängt (auch) von dem anderen ab. Ich kann deshalb das Verhalten eines anderen mir gegenüber nur beurteilen, wenn ich auch mein eigenes Verhalten einbeziehe. Es wäre unzureichend, sich einfach mit der eigenen Position zu identifizieren. Wir müssen lernen, in Abläufen zu denken. Nicht selten beruhen die Probleme, mit denen wir heute konfrontiert werden, auf unseren eigenen „Lösungen" von gestern. Vor allem derjenige, der gegenüber auftretenden Problemen den bequemsten

---

136 H. WITZENMANN, Intuition und Beobachtung, Bd. 1: Das Erfassen des Geistes im Erleben des Denkens, Bd. 2: Befreiung des Erkennens. Erkennen der Freiheit, Stuttgart 1977/1978; H. WITZENMANN, Sozialorganik. Ideen zu einer Neugestaltung der Wirtschaft, Krefeld 1998
137 WILLIAM ISAACS, Dialog als Kunst, gemeinsam zu denken, a. a. O., S. 38

Lösungsweg sucht, begegnet oftmals kurz darauf den Problemen wieder, nur in verschärfter Form. „Der bequemste Ausweg erweist sich zumeist als Drehtür."[138] Wir müssen damit rechnen, dass kleine Veränderungen große Auswirkungen haben und dass Ursachen und Wirkungen räumlich-zeitlich getrennt auftreten, so dass sie nicht leicht aufeinander zu beziehen sind.

Wenn die Teilnahme an Veranstaltungen einer Kulturorganisation zurückgeht, werden diese oft schon aus finanziellen Gründen ausgedünnt oder eingestellt. Man bedauert dann manchmal die Interesselosigkeit des Publikums, sollte sich aber die Frage nicht ersparen, was man als Veranstalter selbst falsch gemacht haben könnte. Das kann an nachlässiger oder verspäteter Ankündigung ebenso liegen (Transparenzproblem) wie daran, dass man an den geistigen Bedürfnissen der vorgestellten Besucher „vorbei" produziert. Das Essen muss dem Gast schmecken, nicht dem Koch. – Nachlassendes Publikumsinteresse, so schmerzvoll es ist, kann Anlass und Chance sein, die Vorgänge in der eigenen Organisation genauer zu ergründen und zu intensivieren.

Auf der rein wirtschaftlichen Seite ist es ähnlich: Gehen die Einnahmen zurück, wäre es kurzsichtig, daraus automatisch eine Drosselung der Ausgaben abzuleiten (Konsumbeschränkung). Vielmehr kann es geboten sein, in diesem Moment die Ausgaben gerade zu erhöhen (als Investitionen), um als Folge davon wieder erhöhte Einnahmen zu erzielen.

Wie weit die scheinbar „weichen" Faktoren des sozialen Lebens auf präzise Erkenntnisleistungen angewiesen sind, lehrt – statt langer Begründungen – das etwas makabre, aber aufschlussreiche Gleichnis vom gekochten Frosch[139]:

Zwei Frösche fielen aus Versehen in einen Topf, in dem Wasser erhitzt wurde. Noch war es lauwarm. Der eine Frosch fand das Wasser angenehm und tat nichts. Nun wurde das Wasser allmählich wärmer. Die Veränderung war so langsam, dass er sie nicht registrierte. Als es zu heiß wurde, ermattete er und ertrank. Der andere Frosch fühlte sich durch die ungewohnte – wenn auch nicht unangenehme – Wasser-

---

138 PETER M. SENGE, Die fünfte Disziplin, a. a. O., S. 79
139 Die Anregung dazu stammt aus PETER M. SENGE, Die fünfte Disziplin, a. a. O., dort wird aber eine andere Version des Gleichnisses erzählt.

temperatur alarmiert und sprang aus dem Topf, solange er noch bei Kräften war. – Der eine Frosch erlag der „wellness" des lauwarmen Wassers, der andere nahm die Temperatur als Alarmzeichen.

Theoretisch ist der Unterschied zwischen den beiden Fröschen leicht zu beschreiben: Der eine nahm die allmähliche Erwärmung des Wassers als Faktum und maß dieses an seiner Befindlichkeit. Der andere nahm sie als Symptom für eine Veränderung in die falsche Richtung – trotz angenehmer Befindlichkeit – und reagierte rechtzeitig.

Wer einen genügenden Abstand zu sich selbst besitzt, kann sich im Rückblick auf sein bisheriges Leben die Frage stellen, wann und wie oft er schon in die Situation eines „gekochten Frosches" gekommen ist, also unheilvolle Entwicklungen nicht rechtzeitig antizipiert hat. Es geht hier um die Fähigkeit, das Unheil zu bemerken, bevor es eingetreten ist. Das ist eine Frage der Denk- und Urteilsfähigkeit.

Zusammengefasst: Prozesse denken, sich des Urteils enthalten, Vorstellungen *bewusst* bilden, Wechselwirkungen durchschauen und die eigenen oder fremden mentalen Modelle erkennen: Das sind wichtige Stationen auf dem Weg zum Umgang mit der Wirklichkeit. Selbstführung schließt Selbst-Orientierung und Selbst-Vergewisserung mit ein. Zu alledem gehört deshalb absolute Aufrichtigkeit. Es hat keinen Sinn, mir mein Handeln (oder mein Unternehmen) „schön zu lügen".[140]

4.3 Gefühl

Beim Denken und Handeln spielen Gefühle eine bedeutende Rolle. Dient möglicherweise vieles, was im Gewande der Argumentation daherkommt, letztlich nur der Rationalisierung eines vorherrschenden Lebensgefühls? Wieweit sind meine Urteile von Grundgefühlen tingiert? Verurteile ich das Chaos in einer bestimmten Situation vor allem deshalb, weil ich selbst zu aggressiver Kleinkrämerei neige (jedes Detail muss stimmen, gleichgültig, ob das wichtig ist). Und versäume ich dadurch vielleicht, die Chancen zu nutzen, die in einem ungeordneten Zustand liegen können? Durch welche emotionalen Vorlieben oder Barrieren behindere ich meine Zusammenarbeit mit anderen Menschen? Wenn ich glaube, mich um

---

140 Die Bedeutung der „Wahrhaftigkeit" betont in dieser Hinsicht WOLF LOTTER, Verschwendung. Wirtschaft braucht Überfluss – die guten Seiten des Verschwendens, 2006, S. 56f.

meine Gefühle nicht weiter kümmern zu müssen, bin ich ihnen vielleicht schon auf den Leim gegangen. Und wenn ich die Gefühle meiner Mitmenschen außer Betracht lasse, werde ich im Sozialen nicht weit kommen. Also müsste man doch das Gefühlsleben ent-emotionalisieren und dem eigenen homo oeconomicus unterwerfen? Das aber hieße, meine Gefühle zu instrumentalisieren. „Karriereknick für Gefühlsnieten"[141] oder „Stimmungsmanagement" sind Ausdrücke, die diese Gefahr unabsichtlich beim Namen nennen.

Bei näherem Hinsehen zeigt sich leicht, dass wir uns mit unserem unwillkürlichen Gefühlsleben oft selbst im Weg stehen. Ärger, Angst, Aggression usw. bestimmen uns oftmals wie von außen. Sie treten wie automatisch auf und behindern den Blick auf andere Menschen ebenso wie den Durchblick auf die Situation. Dabei gelingt es letztlich nicht, mit den eigenen Gefühlen oder denen der anderen intelligent umzugehen.[142] Es kommt jedoch darauf an, sich von den unwillkürlich auftretenden Gefühlen immer weniger abhängig zu machen. Wenn es mir z. B. gelingt, nicht bei jeder Gelegenheit beleidigt zu sein, d. h. mich dem anderen unterlegen zu fühlen, dann wird mein Blick in die Umgebung souveräner – und meine Handlungsmöglichkeit ebenfalls. Reagiere ich nicht auf jede Zumutung mit Ärger, dann behalte ich die Fähigkeit, die „missliche" Situation zu gestalten. Gefühle, wie sie unwillkürlich auftreten, haben oft die Eigenschaft, den Einzelnen auf sich selbst zurückzuwerfen. Gelingt es stattdessen, Gelassenheit zu entwickeln, d. h. mein Gefühl zum Okular für die Umgebung zu machen?[143] Die Gefühle selbst sind von großer Bedeutung. Mit ihnen bin ich im Zentrum der menschlichen Existenz. Ohne Gefühle wäre mir alles Mitmenschliche gleichgültig, ich würde mich bewegen zwischen den Menschen wie gesteuert von einem Navigationsgerät. Ohne Gefühle wäre ich aber auch mir selbst gegenüber gleichgültig und müsste die Richtung meines Handelns ausschließlich aus Fremdsteuerung oder Automatismus beziehen. Gefühle machen mich aufmerksam auf Dinge, deren gedankliche Bedeutung sich mir dann erschließen kann. Und umgekehrt: Erkenntnisse wirken unmittelbar auf mein Gefühl.

141 JUDITH REICHERZER, „Karriereknick für Gefühls-Nieten", in: Süddeutsche Zeitung 12./13.2.2000

142 DANIEL GOLEMAN, Emotionale Intelligenz, München 1996; DANIEL GOLEMAN, Emotionale Führung, München 2002; zur Selbstführung im Gefühlsleben siehe auch RUDY VANDERCRUYSSE, Herzwege. Von der emotionalen Selbstführung zum meditativen Leben, Stuttgart 2005

143 KARL-MARTIN DIETZ, „Positivität ...", a. a. O., S. 9-66

4.4 Wille

Wer unternehmerisch vorgeht, handelt aus sich selbst heraus. Wer einfach Aufträge ausführt, ist nur ein Vollstrecker. Wir gehen davon aus, dass in jedem Menschen die Disposition für initiatives Handeln vorhanden ist.[144] – Die Frage nach dem Willen des Einzelnen ist in der Arbeitswelt erst in letzter Zeit ins Bewusstsein gerückt. Nach traditionellen Vorstellungen hat der Arbeitnehmer keinen eigenen Willen zu haben und seine Gefühle vor Betreten des Arbeitsplatzes möglichst zu suspendieren. Aus dem Bisherigen dürfte jedoch klar geworden sein, dass Zusammenarbeit auf individueller Grundlage nur dann gelingt, wenn sie aus dem Eigenwillen der Beteiligten heraus geschieht. Eigenwille bedeutet ja nicht, die Umgebung aus dem Auge zu verlieren. Eigenwille heißt nicht Isolation oder Willkür. Sonst wäre der Geisterfahrer auf der Autobahn das Urbild initiativen Handelns.

Vor dem Horizont des Dialogischen kann initiatives Handeln unter folgenden Aspekten gesehen werden:

Durch unangemessene Erwartungshaltungen kann ich mir den Einstieg zum initiativen Handeln schwer, wenn nicht unmöglich machen. Wer beispielsweise erst handeln wollte, wenn er sich des Erfolgs sicher ist, würde wohl so manche Tat ungetan lassen oder aber die Rückversicherung bei anderen stärker schätzen als sein eigenes Selbstvertrauen.

Eine zweite Willenshaltung: Theoretische Planung, die abgeschlossen und abgesegnet wird, bevor die Ausführung beginnt, ist aus sich heraus handlungsfeindlich. Die Distanz zwischen theoretischem Denken und praktischem Tun ist ein Charakteristikum der Neuzeit und zunächst einmal eine Errungenschaft: Was wäre, wenn alles, was gedacht wird, auch gleich getan würde …! Aber für initiatives Handeln gilt das Gegenteil. Wer erst analytisch-betrachtende Gedanken bildet, hat es schwer, daraus zum Handeln zu kommen. (Alles vorab regeln zu wollen, entspringt oftmals wohl auch einer Furcht vor sich selbst oder dem Misstrauen gegen die anderen). Vielmehr ist es sinnvoll, die Gedanken da aufzusuchen, wo sie entstehen. Da wohnt ihnen selbst noch ein intuitives, auf die Handlung überspringendes Moment inne. Das ist in unseren Hoch-Zeiten eines kritisch-analytischen Bewusstseins aus dem Blick geraten, in der Geistes-

---

144 GÖTZ W. WERNER, Führung für Mündige, a. a. O., S. 23f.

geschichte aber keineswegs unbekannt. Dass es neben und vor dem diskursiven Denken eine unmittelbare geistige Anschaulichkeit gibt (Intuition, intellektuelle Anschauung usw.), wurde von vielen gesehen und geschätzt. So spricht etwa Thomas von Aquin von einem unmittelbaren, plötzlichen Erfassen (subita apprehensio), das im Unterschied zum diskursiven Denken nicht dem Irrtum unterliegt. Diese Unterscheidung zwischen Intuition und Diskurs wurde in der Neuzeit aufgenommen. Descartes schreibt in seiner „Regel" III, 5: „Unter Intuition verstehe ich nicht das schwankende Zeugnis der sinnlichen Wahrnehmung oder das trügerische Urteil der verkehrt verbindenden Einbildungskraft, sondern ein so müheloses und deutlich bestimmtes Begreifen des reinen und aufmerksamen Geistes, daß über das, was wir erkennen, gar kein Zweifel übrig bleibt". Dies ist ein Begreifen, „welches allein dem Lichte der Vernunft entspringt und das, weil einfacher, deshalb zuverlässiger ist als selbst die Deduktion."[145] Heute ist es vor allem das Wirtschaftsleben, in dem die Forderung nach dieser Art des Denkens mit Nachdruck gestellt wird. Die Art des Denkens präformiert den Willenszugriff.

Aufgrund der beschriebenen neuzeitlichen Bewusstseinsentwicklung sind zwei „Typen" von Menschen entstanden. Der eine ist der des „Intellektuellen", der vorsichtig abwägt – und es dabei auch oft belässt. Er sieht – wer könnte es ihm verdenken – in der Regel das Anfechtbare, Kritikwürdige, und steht mit einem Bein im Schattenreich des Pessimismus. Die in jeder noch so unbefriedigenden Situation schlummernden Chancen bleiben meist unbemerkt. – Der andere Typ ist der „Täter", der ohne großes Nachdenken zuschlägt. Er sieht mehr die Chancen als die Probleme – die würde er ja auch erst bei einigem Nachdenken erkennen können. Solches Gebaren wird manchmal mit „Initiative" verwechselt. Initiative im hier gemeinten Sinne entsteht jedoch dadurch, dass beide Einseitigkeiten in ein Gleichgewicht kommen. Voraussetzung dafür ist es, hinter dem analytischen Denkvermögen ebenso wie hinter dem „Gefühl" die Ursprungskraft der Intuition zu entdecken und zu beleben. Zusammengefasst: Initiative setzt ein nicht-diskursives, gleichwohl in sich klares, unmittelbar zugreifendes Denken voraus.

Eine dritte Haltung des Willens: Wer aus Initiative handelt, beschwert sich nicht über andere. So wie es mir freisteht, autonom zu handeln, so steht es allen anderen Menschen frei, sich mit meiner Handlung *nicht* zu

---

145 RENÉ DESCARTES, Regulae ad directionem ingenii, Hamburg 1973.

identifizieren. Wäre es anders, dann lebten wir in einem Zustand gegenseitiger Terrorisierung. Jede Klage über andere, deren Nichtverstehen, Nichtunterstützung oder Desinteresse setzt im Grunde etwas voraus, was es nicht geben kann: Die Pflicht eines anderen, gut zu finden, was ich will. Wer eine Kultur der Initiative aufbauen will, stellt keine Forderungen an andere.

Eine vierte Haltung besteht darin, zwischen Wunsch und Wille zu unterscheiden. Meinungen und Wünsche beziehen alles „Weltgeschehen" auf mich, das Subjekt. Beim initiativen Handeln kommt es aber auf die gegenteilige Haltung an, nämlich darauf, mich handelnd in das Geschehen hineinzuversetzen. Dazu bedarf es eines Bewusstseins, das nicht „Welt" subjektiv beurteilt, sondern das in der Lage ist, die Urteile sich aus der denkenden Betrachtung des Geschehens selbst bilden zu lassen und aus diesem Überblick heraus den Willen zu betätigen. Initiatives Handeln bedarf der Fähigkeit, die Welt nicht nur durch die Brille der Subjektivität zu sehen und sie nicht nur dem eigenen Nutzen zu unterwerfen.

Wer initiativ handeln will, muss sich schließlich davon trennen, alles Geschehen am Gewohnten und Bekannten zu messen. Er steht den Situationen, in denen er sich befindet, mit offener Erwartung gegenüber. Das bedeutet keineswegs, sich einfach naiv zu stellen, sondern vielmehr, Gegenwart als Spannung zwischen der Erfahrung (aus der Vergangenheit) und der Zielsetzung (aus der Zukunft) zu gestalten. Das bleibt manchmal außer Betracht. Entweder löst man sich schwer von Vorbildern (d. h. aus der Vergangenheit). Dann ist die Initiative nur scheinbar individuell. Oder man läßt Erfahrungen so weit hinter sich, dass man Unvoreingenommenheit damit verwechselt, jeden Fehler, den andere bereits gemacht haben, auch selbst noch einmal machen zu müssen. Auch dann kann nichts Besonderes dabei herauskommen; vielmehr sitzt man, je nach Temperament, im Gefängnis der Vergangenheit (Erfahrungsgefängnis) oder der Wunschträume (Erwartungsgefängnis). Initiative erfordert (und erzeugt) Befreiung aus beiden.

Die wichtigsten Haltungen initiativen Handelns sind also:

1. Ideenfähigkeit statt Theoriebildung oder Blindheit,

2. der ruhige Blick auf die Wirklichkeit in der Urteilsbildung statt Abhängigkeit von Wunsch und Meinung,

3. Selbstverantwortung gegenüber dem eigenen Vorhaben statt Forderungen an andere,

106

4. die Entwicklung einer inneren Freiheit über Vergangenheit (Erfahrung) und Zukunft (Zielsetzung) hinaus.

Es ist ohne weiteres erkennbar, dass diese vier Haltungen mit den dialogischen Prozessen korrespondieren. Dialogische Kultur fördert ein Handeln aus Initiative. –

Zur individuellen Seite des initiativen Handelns kommt die soziale hinzu. Dazu im Folgenden einige Bemerkungen:

Aktive Toleranz: Eintreten für die Taten anderer
Die Frage nach initiativem Handeln tritt heute in zweierlei Gestalt auf: Wie kommt der Einzelne dazu, initiativ zu werden, und wie kommen die einzelnen initiativen Leute zu einer Zusammenarbeit? Dazwischen liegt noch ein Drittes: Die Toleranz. – Unser Bild vom initiativen Menschen ist zunächst bestimmt vom Einzelnen. Heute geht es darum, dass tendenziell *jeder* in die innere und äußere Lage kommt, initiativ zu handeln. Dann aber stellt sich die Frage, wie denn so viele initiative Menschen zusammenarbeiten können. „Wieviele Unternehmer verträgt eigentlich ein Unternehmen?" – so wurde das Problem einmal von einer Führungspersönlichkeit zugespitzt.

Ein übliches Hemmnis, in dieser Richtung weiterzukommen, ist die Furcht vor der Initiative der anderen. Wenn jeder macht, was er will: Wo bleibt dann mein eigener Impuls? Und wie kommt dann überhaupt etwas Gemeinsames zustande? Daher ist aktive Toleranz eine erste wichtige Voraussetzung zur Zusammenarbeit auf der Grundlage von Initiative. Dazu ist es zunächst einmal notwendig, sich auf die Zielsetzungen des anderen einzulassen. Den anderen gelten lassen, weil man selbst an nichts wirklich Interesse hat, mag von weitem aussehen wie Toleranz, das beruht aber wohl auf einer Verwechslung.

Ebenen der Toleranz
Ein Verhältnis zu den Handlungszielen des anderen kann auf verschiedenen Ebenen gesucht werden:

1. Kann ich mich mit den Zielen des anderen (der anderen) so verbinden, dass ich damit übereinstimme? – Dies läuft auf einen Abgleich der vorhandenen Standpunkte hinaus. Gemeinsamkeit beruht dann darauf, dass der eine sich den Impulsen des anderen

anschließen kann, oder dass man sich im Rahmen von Kompromissen „in der Mitte" trifft. So entsteht z. B. Gemeinsamkeit in Interessengemeinschaften und politischen Parteien. Für unternehmerisches Handeln ist diese Art der Gemeinsamkeit nicht tragfähig genug.

2. Gemeinsamkeit kann auch unabhängig von meiner persönlichen Interessenlage entstehen. Ich kann z. B. danach fragen, ob das, was der andere will, sachlich nachzuvollziehen ist. Ist das Gewollte sinnvoll? Ist es aussichtsreich? – Ich nehme mir die Freiheit, der Sache des anderen auch dann gerecht zu werden, wenn sie nicht meine eigene ist oder werden soll. Ich betrachte das Vorhaben mit den Augen des anderen (und nicht nur mit meinen eigenen) und sehe es im Zusammenhang des gesamten Unternehmens. Ich schaue auf das, was der andere tut, gleichsam von oben, mit dem Helikopter-Blick. Das ist etwas ganz anderes, als mich nur zu fragen, ob der Impuls des anderen meinen eigenen Zielen dient und meine eigenen Absichten verstärkt.

3. Ob mir das Vorhaben eines anderen sinnvoll erscheint, kann sich auch daran ermessen, ob der andere den Anforderungen der Realisierung gewachsen sein wird. Ist der eingebrachte Impuls selbsttragend? – Dazu gehört nicht nur die sachliche Seite (Inhalt, Realisierbarkeit, das Umfeld usw., s. o. 2.), sondern auch Fähigkeit und Willenseinsatz dessen, der das Vorhaben einbringt: Ist er bereit und in der Lage durchzutragen, was er vom Zaun bricht? Oder wirft er nur einen Stein ins Wasser und überlässt den Rest anderen? Ist der Initiator eines Vorhabens in der Durchführung selbständig, oder müsste ich ständig auf ihn aufpassen, wenn ich mich auf ihn einlasse?

Nimmt man diesen Gesichtspunkt als solchen ernst, dann kann es sogar sein, dass die inhaltliche Beurteilung (2.) zurücktritt hinter der der handelnden Person. Schon die Tatsache, dass ein vertrauenswürdiger, als Nicht-Illusionist und kompetenter Mensch bekannter Kollege etwas vorschlägt (auch wenn es meinen eigenen Intentionen vielleicht ferne steht), kann mich zu einer aktiven Zustimmung veranlassen. In dem Maße, in dem das Vertrauen auf die Motive und Fähigkeiten des anderen Menschen wächst, kann ich ihm die inhaltliche Beurteilung auch selbst überlassen. Er wird selbst geprüft haben, ob sein Vorhaben zeitgemäß ist und wie es verwirklicht werden kann. Und er wird, was er einmal angefangen hat, auch konsequent zu Ende führen. – Andererseits kann auch ein sachlich ganz einwandfreies Vorhaben auf Ablehnung stoßen, wenn Anlass besteht, der „Person" die Durchführung nicht zuzutrauen. – Auf dieser Ebene wird die Frage der Zusammenarbeit zu einer Vertrauensfrage zwischen Menschen.

4. Ich kann mir darüber hinaus noch eine weitere Frage stellen. Sie bedeutet eine Umkehrung der bisherigen Sichtweisen. Ich frage nicht mehr: Was fange *ich* mit dem an, was da als Willensimpuls von *anderer* Seite auftaucht? Sondern ich frage: Wo kommt dieser *Impuls als solcher* her? Entspringt er den allgemeinen Zeitverhältnissen, ihren Problemen oder Aufbrüchen? Wendet er sich Aufgaben zu, die „in der Luft liegen"? – Lässt man diese Ebene außer Betracht, so setzt man stillschweigend eine Selbstverwirklichungsmentalität als bestimmenden Faktor menschlichen Handelns voraus. Man betrachtet jeden Willensakt automatisch nur als Steckenpferd seines Urhebers. Daraus rechtfertigen sich Furcht und Misstrauen gegenüber der Initiative des anderen. Subjektbezogenheit des Handelns ist ja durchaus nicht selten. Wenn dies aber ungeprüft vorausgesetzt wird, hat niemand die Chance, es anders zu machen.

Die genannten Gesichtspunkte können so zusammenfasst werden:

1. Kann ich mich mit dem Vorhaben verbinden?
   Entspricht es meinen Ansichten oder Interessen?

2. Ist das Vorhaben von der Sache her evident?
   Auf welche Situation antwortet das Vorhaben? Was trägt das Vorhaben zur Gesamtsituation bei?

3. Trägt die Initiative? Steht ihr Urheber voll dahinter?
   Nimmt er alle Konsequenzen auf sich?

4. Welches Motiv liegt der beabsichtigten Handlung zugrunde?
   Wo kommt es her? Welchen Umfang hat die zugrunde liegende Idee?

Toleranz und Vertrauen der Initiative eines anderen gegenüber wachsen in dem Maße, in dem diese Fragen zufriedenstellend beantwortet werden können.

Gemeinschaftlich Handeln

Gemeinschaftliches Handeln geht also der Toleranz und dem Vertrauen gegenüber den anderen Beteiligten voraus. Schon dadurch wird klar, dass es nicht formalisierbar ist. Toleranz und Vertrauen sind keine „Maßnahmen" und keine „Werkzeuge". Ich kann sie nicht heucheln und auch nicht fordern. Sie beruhen auf einer Gemeinschaftsbildung oder Zusammenarbeit, die von individueller Begegnung im Sinne der dialogischen Prozesse getragen ist. Andernfalls herrschen gegenseitige Berechenbarkeit und Instrumentalisierung: Ich muss dem anderen etwas bieten, damit er in meinem Sinne handelt; und ich muss seine Reaktionen antizipieren. Aus einer Arbeitswelt, in der solche Verhältnisse häufig genug herrschen, ist bekannt, dass sie nicht zu einem gemeinschaftlichen Handeln führen, sondern letztlich in die Hölle der Einsamkeit mitten im Getriebe.

Und doch ist gemeinschaftliches Handeln auf der Grundlage von Toleranz und Vertrauen noch nicht hinreichend zu beschreiben. Es ist außerdem ein Paradoxon zu beachten: Je individueller die Handlung, um so mehr wirkliche Gemeinsamkeit ist möglich. Allgemeinen Maximen kann sich jeder leicht mit seiner Meinung anschließen, aber das erzeugt noch keine Verbindlichkeit. Handeln hingegen ist immer konkret. Initiatives Handeln erfordert den Mut, das Viele, das unter allgemeinen Gesichtspunkten möglich und sinnvoll wäre („der Dritten Welt helfen", „Arbeitslosigkeit bekämpfen", „die Natur retten" usw.) hintanzustellen und dafür an einer bestimmten Stelle tätig zu werden, z. B. die Koffer zu packen und ein pädagogisches Projekt in Botswana aufzubauen oder ein Unternehmen zu führen. Nur im Konkreten und Individuellen kann gehandelt werden. Jede Handlung hat es mit einer konkreten Situation und mit individuellen Menschen als Beteiligten oder Betroffenen zu tun.

Wie also entsteht gemeinsames Handeln? – Hierzu ist es hilfreich, sich mögliche Gemeinsamkeiten auf den soeben unterschiedenen Ebenen des Bewusstseins vor Augen zu führen, z. B.:

– Gemeinsamer Nutzen:
    das angestrebte Ergebnis der Handlung, z. B. bei zweckgerichteter Kooperation.

110

– Gemeinsame Tätigkeit:

die Strukturen, Verabredungen und Prinzipien, die man sich gibt; außerdem: gemeinsam entwickelte Konzepte und gemeinsam vorgenommene Projekte. Man vereinigt sich mit anderen Menschen aus besten Kräften, um etwas zu machen, was ein Einzelner nicht leisten könnte.

– Gemeinsame Zielsetzung:

Das Gemeinsame kann auch eine Tätigkeit sein, die noch gar nicht genau fixiert ist, wenn man sie ergreift. Man wird nicht nur etwas gemeinsam tun oder herstellen, sondern dabei voneinander zu lernen versuchen und die Beweggründe der anderen einbeziehen. Gemeinschaftsbildend wirkt hier die Zielsetzung, die sich im Laufe der Zusammenarbeit immer deutlicher herauskristallisiert.

– Gemeinsame Fragestellungen:

Eine der höchsten Formen produktiver Zusammenarbeit dürfte darin bestehen, gemeinsam Fragestellungen zu entwickeln, die über das Nur-Gegebene ebenso hinausführen wie über definierte Zielsetzungen. Hier wird das oben formulierte Paradoxon erfahrbare Wirklichkeit: Als gemeinsam stellt sich das heraus, was auf den höchst individuellen Bemühungen der Einzelnen und auf ihren Beiträgen beruht.

Je fester sich das Handeln auf gemeinsame Zielsetzungen und auf die Erarbeitung von Fragestellungen stützen kann, um so besser gelingt gemeinschaftliches Handeln aus individueller Initiative.

Handeln aus Initiative fordert somit und praktiziert zugleich: die Erweiterung der Grenzen meines eigenen Selbst, die Hinwendung zu den initiativen Handlungen anderer Menschen und das Aufsuchen eines gemeinsamen Bodens im gemeinschaftlichen Handeln. Diese Bemühungen stützen sich gegenseitig: Toleranz setzt eigene Stärke voraus (sonst wäre sie nur lasches laisser faire). Wenn gemeinsam gehandelt werden soll, muss ich mich mit den Intentionen der anderen verbinden können. Und eine Erweiterung der Grenzen des Selbst stellt sich zugleich auch als *Folge* von Toleranz und gemeinschaftlichem Handeln im beschriebenen Sinne ein.

Der Wille selbst lebt in diesen Tätigkeiten in zweifacher Gestalt: als Willenseinsatz, der tatsächlich ins Handeln kommt und nicht nur theoretisiert, und als „langer Wille" (Nietzsche), der an einer einmal ergriffenen Sache festhält, Kontinuität erzeugt und Widerstände überwindet.

Abschließend sei noch auf ein Prinzip der Zusammenarbeit zwischen selbständigen Menschen hingewiesen, das alle drei Momente, das Denken, das Gefühl und den Willen, in einen Ausgleich bringt und gleichsam den Urquell unternehmerischen Denkens und Handelns bezeichnet.

Produktivität und Empfänglichkeit im unternehmerischen Handeln
Die entscheidenden Umwandlungsmomente der dialogischen Kultur beruhen, wie beschrieben, auf geistigen Leistungen der Einzelnen. Nähere Betrachtung zeigt den Doppelcharakter jeder einzelnen Leistung:

- Individuelle Begegnung:
  aktiv auf den anderen Menschen zugehen und dabei dessen Wesenseigenschaften aufnehmen wollen.

- Transparenz:
  durch aktive Zuwendung zur Wirklichkeit deren Eigenschaften erfassen.

- Ideenfindung/Beratung:
  durch aktiven Umgang mit den Ausgangsfragen und den eigenen emotionalen Prägungen die Bereitschaft zur Aufnahme der Idee steigern.

- Entschluss:
  initiatives Handeln und Verantwortung für das Ganze in Einklang bringen.

Die Doppelnatur der geistigen Leistungen verweist auf eine aktive und eine rezeptive Seite, auf geistige Produktivität und freie Empfänglichkeit.[146] Diese treten an die Stelle von Anweisung und Gehorsam, Machtausübung und Unterordnung, wie sie in traditionellen Führungsverhältnissen üblich sind. Durch geistige Produktivität und freie Empfänglichkeit werden die geistigen Potentiale der Beteiligten einbezogen und gefördert. Zugleich vermitteln sie zwischen der Leistungsfähigkeit der Einzelnen und den Anforderungen der Zusammenarbeit. Herrschen Produktivität und Empfänglichkeit, so verlieren die traditionellen Weisungsverhältnisse ihre Bedeutung, ohne dass sie strukturell aufgehoben werden müssten. Ich

---

146 Näheres zum Ursprung des Begriffspaares: siehe KARL-MARTIN DIETZ, Produktivität und Empfänglichkeit, a. a. O.

112

bestehe nicht mehr darauf, dass andere meinen Vorschlag befolgen, weil ich der Chef bin; denn dann werden sich die anderen bald nichts Eigenes mehr einfallen lassen. Es kommt darauf an, einen Ratschlag o. ä. anzunehmen, weil man ihn gut findet, *nicht* weil er von „oben" kommt – und auch dann gut zu finden, wenn er nicht von „oben" kommt! Ohne geistige Produktivität gibt es kein unternehmerisches Handeln. Das ist keine neue (wenn auch eine gelegentlich vernachlässigte) Einsicht. Neu ist aber die soziale Bedeutung von „Empfänglichkeit", die im Zuge einer dialogischen Unternehmenskultur an die Stelle tradierter Sozialformen tritt. Das „geistig Produzierte" wird für das Ganze (die Arbeitsgemeinschaft, das Unternehmen usw.) fruchtbar durch die freie Empfänglichkeit, und zwar in zweierlei Hinsicht:

— Geistige Produktionen Einzelner (Ideen, Erkenntnisse, Wahrnehmungen usw.) werden von anderen aufgenommen und angewandt (weiterentwickelt, umgesetzt etc.), weil sie ihnen einleuchten. Empfänglichkeit tritt an die Stelle von Gefolgschaft. Was niemandem einleuchtet, wird auch nicht aufgegriffen; und dasjenige, was einleuchtet, wird aufgegriffen, gleichgültig von wem es kommt. Sachorientierung und Ideenorientierung treten hier an die Stelle von Subjektorientierung (Vorgesetztenorientierung, Karrierebeflissenheit etc.). Dadurch haben es Urteilsfähigkeit, Antizipation und Kreativität leichter, den Unternehmensalltag zu bestimmen.

— Eine Kultur der Empfänglichkeit setzt Produktivität frei. Wer die Erfahrung macht, dass man seine Ideen eher als Störfaktoren behandelt, wird sich nichts mehr einfallen lassen (oder seine Einfälle verschweigen). Das ist ein bekanntes Phänomen. Wenn ich aber erwarten darf, dass man sich für meine Beiträge interessiert, unabhängig davon, ob sie nach Durchlaufen eines Beratungsprozesses in der ursprünglichen Form umgesetzt werden können, dann regt das meine geistige Produktivität ungemein an. Mit anderen Worten: Empfänglichkeit fördert Produktivität. Eine Kultur der Empfänglichkeit fördert die geistige Produktivität der Einzelnen.

Beide Seiten der Empfänglichkeit, die produktivitätsaufnehmende und die produktivitätsanregende, bewirken ein ideenfreundliches Klima und damit die Grundlage für ein innovatives Unternehmen und für die unternehmerische Disposition möglichst vieler Beteiligter.

Dabei ist wichtig, dass die Empfänglichkeit wirklich „frei" ist, d. h. auf individueller Aufnahmebereitschaft beruht. Was niemandem einleuchtet, wird auch nicht aufgenommen. Geistige Produktionen müssen ihre Überzeugungskraft in sich tragen. Andererseits ersetzt dieses Prinzip die übliche Zustimmungsautomatik im Vorgesetztenverhältnis (Anpassung statt Einsicht), die sich oft genug als kontraproduktiv erweist.[147] Produktivität und Empfänglichkeit als Prinzip der Zusammenarbeit steigert menschliches Interesse (Begegnung), Erkenntniskraft (Transparenz), Ideenvermögen (Beratung) und Willenseinsatz (Entschluss).

Ein Milieu von Produktivität und Empfänglichkeit wirkt sich auf die Unternehmenskultur bis ins Einzelne aus: Wo es ausgebildet ist, hat man es sich beispielsweise zur Gewohnheit gemacht,

- im Gespräch nachzufragen, was der andere meint, wenn dies nicht zweifelsfrei klar erscheint;

- die Aussprachen zu einem Thema von Zeit zu Zeit inhaltlich zu rekapitulieren; das ermöglicht Überblick, der wieder zum Weiterdenken anregt;

- Beschlussvorlagen vor dem Beschluss an alle Betroffenen und Beteiligten zu senden mit der Bitte, Ideen beizusteuern;

- Zeit zu lassen zur Ideenfindung (der scheinbare Zeitverlust wird hinterher ohne Weiteres wettgemacht);

- im Gespräch das Positive des Vorredners aufzugreifen, statt das Unzuträgliche zurückzuweisen;

- Fragen zu stellen statt Meinungen abzugeben.

Produktivität und Empfänglichkeit werden damit zu Kennzeichen einer dialogischen Unternehmenskultur und eines darin verwirklichten neuen Individualismus – eines Individualismus, mit dem der neoliberale nicht viel mehr als den Namen gemein hat. Die Disposition zum „freien Geist" (siehe Kapitel 1) wird damit mehr und mehr zur Grundlage unternehmerischen Handelns.

So hängt unternehmerisches Denken eng mit dialogischer Unternehmenskultur zusammen. Beide bewirken innere Umwendungen gegenüber den Denk- und Lebensgewohnheiten unserer Zeit:

---

147 KAI H. MATTHIESEN, Kritik des Menschenbildes in der Betriebswirtschaftslehre, Bern 1995

– Begegnung geht von der Individualität des Menschen aus und versucht, sie in den Erscheinungsformen der Persönlichkeit aufzusuchen und durch-scheinen zu lassen.

– Transparenz geht von der Gesamt-Situation aus, nicht von Ausschnitten, begrenzten (linearen) Kausalitäten oder vorgefassten Denkmustern. Sie erfasst die Einzelheiten in ihrem Zusammenhang und findet im Einzelnen das Ganze.

– Beratung als Prozess der Ideenfindung versucht die täglichen Situationen aus dem Bewusstsein von Ursprung und Ziel zu gestalten. Sie strebt nach Ideen nicht nur deshalb, weil man sie zur Lösung bereits aufgetretener Probleme brauchen kann.

– Die Entscheidungsfindung lebt von der individuellen Verantwortung für das Ganze des Unternehmens. Sie dient nicht der Selbstverwirklichung der Einzelnen und sie vermeidet Automatismen.

Alle vier Umwendungen beruhen auf bewussten Leistungen der Einzelnen. Sonst treten sie nicht ein. Die in Kapitel 3 skizzierte Form eines dialogischen Gesprächs fördert zugleich die Praxis von Produktivität und Empfänglichkeit.

Ausblick

„Jeder Mensch ein Unternehmer" ist, wie zu zeigen versucht wurde, keine empirische Sachstandsbehauptung, aber auch keine Utopie. Es ist die Formulierung eines Potenzials, das prinzipiell in jedem Menschen liegt, wenn es sich auch nicht immer zeigen mag. Dieses Potenzial ist heute insofern aktuell, als es zugleich einer Herausforderung unseres Zeitalters entspricht, die sich in den letzten Jahrzehnten deutlich verstärkt hat. Sie wird als „Individualisierungsschub" beschrieben und ist kein historisch oder biografisch vorübergehender Zustand, den man aussitzen könnte. Sie bestimmt vielmehr die Existenzweise des gegenwärtigen Menschen. Wir befinden uns – sozusagen – im Stande der Individualisierung, wie sich das Zeitalter Kants im Stande der Aufklärung befand. Individualisierung ist, wie es auch die Aufklärung war, ein labiler Zustand. Rückfälle in eine „vormoderne" Denk- und Handlungsweise sind jederzeit möglich, doch ist schwerlich vorstellbar, dass sich die Entwicklungsrichtung umkehren könnte. Individualisierung ist im Grunde genommen gar kein Zustand, sondern eine Bewegung, ein permanenter Aufbruch (falls diese paradoxe Wortwahl erlaubt ist).

Die Herausforderung kommt, wie anzudeuten versucht wurde, aus den Zeitverhältnissen an jeden einzelnen von uns. Aber sie bedarf der inneren Aktivität; sonst geht sie ins Leere. Wer mit liebgewordenen Vorstellungshorizonten durchs Leben geht, sieht in ihr vor allem einen Werteverfall. Und wo sie auf Sicherheitsbedürfnisse stößt, erzeugt sie Verunsicherung. Da treten natürlich sofort gesellschaftliche Kräfte auf den Plan, die versuchen, aus dieser Verunsicherung der einzelnen Menschen Nutzen zu ziehen (davon war in dieser Schrift nicht weiter die Rede). Wer die Verunsicherung nicht bewältigt, fällt leicht in ein „existenzielles Vakuum" (Viktor Frankl). Es geht heute darum, aus dem Gefühl der Vereinzelung und der daraus entspringenden Unsicherheit die Chance auf wirkliche Autonomie zu machen. Schritte auf diesem Weg aufzuzeigen, ist das Anliegen der vorliegenden Schrift.

Nach dem Verlust gewohnter Lebenssicherheiten sind für den Einzelnen vor allem zwei Entwicklungsrichtungen möglich: entweder hin zur Autonomie oder eine mehr oder weniger freiwillige Suche nach Anpassung. Gerade letztere ist heute im Wirtschaftsleben häufig anzutreffen. Das ist kein Wunder, denn in den üblichen hierarchischen Verhältnissen ist *jede* Tätigkeit weisungsgebunden und obrigkeitsorientiert. Selbst der CEO eines Konzerns sieht sich abhängig von seinem Aufsichtsrat, der zumindest seine Verweildauer von Quartal zu Quartal festlegen kann. Und die Mitglieder der Aufsichtsräte sind ihrerseits in der Regel Manager, beispielsweise von Banken, und vertreten Interessen, über die sie nicht selbst souverän bestimmen. „Führung" im Wirtschaftsleben also: ein Hamsterrad? – Die heute vielfach zu beobachtenden Karikaturen des Unternehmerischen sind möglicherweise Kollateralschäden der Individualisierung: von der erst gepriesenen und dann gescheiterten „Ich-AG" als Verbrämung von Arbeitslosigkeit bis hin zum unternehmerischen Lifestyle: so tun als ob. Mit geborgtem Erfolg und ermogelter Effizienz. Der zum Unternehmer aufgetakelte Karrierist sozusagen. Leben als Imitat.

In dieser Schrift ging es um eine andere Seite des Unternehmerischen. Der „unternehmerische Mensch", von dem hier die Rede ist, nimmt nicht eine bestimmte hierarchische Position ein. Für ihn gilt es, Richtung zu nehmen auf das, was als „freier Mensch" charakterisiert wurde. Es geht auch hier nicht um einen Endzustand. Das wäre illusorisch und ist von vornherein nicht gemeint. Sondern es geht um ein Ziel der Selbstentwicklung und um entsprechende innerliche und soziale Bewegungen, wie sie in den „dialogischen Prozessen" skizziert wurden. Jeder kann sich entschließen, wenn er will, Fähigkeitsbildung und Handlungsweisen auf ihren unternehmerischen Ursprung zurückzuführen. Sich die Quellkräfte menschlicher Existenz zu erschließen, ist der Inbegriff dessen, was als „Selbstführung" beschrieben wurde: Authentizität aus geistiger Ursprünglichkeit.

Die dialogischen Prozesse sind zugleich praktische Schritte auf der Suche nach Authentizität. Sie verstärken Präsenz, Achtsamkeit und Bewusstheit gegenüber der eigenen wie der fremden Individualität. Der Welt (Wirklichkeit) gegenüber regen sie an zu Stimmigkeit und Offenheit einerseits und zu Integration von Komplexität andererseits. Geistige Leistung entsteht ursprünglich (d. h. theorie- und bürokratiefern), unvermittelt und direkt. Dem persönlichen oder gemeinschaftlichen Handeln gegenüber erlebt der Einzelne Identität mit sich selbst und dem Ganzen, wodurch seine Tat mehr und mehr zu einer freien Tat wird. Man könnte also sagen: Wenn Aufmerksamkeit, Stimmigkeit, Unmittelbarkeit und freie Integration Merkmale von Authentizität sind, dann ist Dialog im hier gemeinten Sinne Verwirklichung von Authentizität schlechthin. Dialog wird damit zu einem Wechselspiel von Produktivität und Empfänglichkeit gegenüber den anderen Menschen, gegenüber der Wirklichkeit der gegebenen Situation, gegenüber der Welt der Ideen und nicht zuletzt mir selbst gegenüber.

Hier läge zugleich die Antwort auf die „intrapsychische Differenzierung", die im Zuge der Individualisierung als Problematik erscheint. Diese

118

Antwort besteht nicht in einer Theoriebildung, sondern sie schließt Eigentätigkeit (Handeln) ein und lebt von der Erfahrung, die man schrittweise beim Handeln macht. Hier ist die Kraft des Denkens in anderem Sinne gefragt (und auszubilden) als sie sonst vorherrschend ist: weder als analytische Reflexion noch als Planungsinstanz, sondern als Bahnbrecher für konkretes Handeln.

Die beschriebenen dialogischen Prozesse können auf mehreren Ebenen betrachtet werden. Auf der einen Seite bezeichnen sie Blickrichtungen, die bei der Weckung des unternehmerischen Potenzials von Bedeutung sind. Darüber hinaus fordern und fördern sie zugleich die Ausbildung bestimmter Fähigkeiten zur Neugestaltung der sozialen Verhältnisse. Der Einzelne wird in dem Maße geistig produktiv, in dem es ihm gelingt, die Grenzen seines Selbst zu erweitern. Diese Erweiterung beruht auf individuellen Leistungen, die sozial wirksam werden. Aber sie wirken auch auf den einzelnen Menschen zurück, indem sie beispielsweise Auswege aus dem existenziellen Vakuum zeigen durch Hinwendung zum Du, durch Ernstnehmen der „Welt" (Wirklichkeit), durch Suche nach Ursprünglichkeit und Verantwortung für die Lebensführung.

Das „Unternehmerische" beruht auf der Verstärkung von Dispositionen, die in jedem einzelnen Menschen ohnehin vorhanden sind. Diese Verstärkung geht nur in der Regel nicht von selbst. Aber dazu gehört noch die andere Seite: Das Zeitalter der Individualisierung bringt es mit sich, dass das unternehmerische Element des Menschen zu durchaus radikalen Umwendungen der Lebens- und Arbeitsverhältnisse führt. Selbstentwicklung bedeutet nicht, in einer bisher eingeschlagenen Richtung „immer besser zu werden", sondern eigentlich: „ein anderer" zu werden. Dadurch entstehen auch Umwendungen im Sozialen, beispielsweise:

- Achtung des anderen Menschen statt dessen Funktionalisierung;

- Gemeinschaft durch Kooperation der Einzelnen, die je aus sich selbst heraus handeln, statt durch Beauftragung der Einzelnen aus einem Kollektiv;

- sozialer Organismus statt bürokratischem Mechanismus. Das Sozialwesen ist nach außen nicht abgeschlossen und bleibt innerlich differenziert. Es ist nicht die Einschränkung, sondern die soziale Ermöglichung von unternehmerischer Freiheit;

- innere Eigenständigkeit statt Konsumhaltung: „Es kommt auf mich an" statt „Was habe ich davon?"

119

- geistige Produktivität und freie Empfänglichkeit statt hierarchischer Festlegung oder willkürlicher Beliebigkeit;

- situatives Handeln statt vorgängiger Prinzipien;

- Handeln aus geistiger Ursprünglichkeit statt aus Vorgaben.

Was hier nur stichwortartig aufgeführt werden kann, findet sich in den vorausgehenden Kapiteln näher erläutert. Daraus ergeben sich in Konsequenz Ausblicke auf eine zukünftige Kultur, deren Ausbildung bestimmte Aufgaben stellt. So gilt es, die Befreiung aus alten Zwängen („Freisetzung") zu bemerken, zu verstehen und mit einer neuen Offenheit zu beantworten: Demokratie, Pluralismus und Toleranz bilden den Boden einer „Multioptionsgesellschaft" (P. Gross). Hier entsteht ein Bewusstsein von der Eigenständigkeit („Autonomie") des Individuums. Dieses gilt es von seiner bedrohlichen Konnotation („Verunsicherung") zu befreien und in eine Chance zur Neuorientierung zu verwandeln. Darin liegt eine große Herausforderung für den unternehmerischen Menschen im Zeitalter der Individualisierung. Denn die Orientierung muss der gegenwärtige Mensch mehr denn je in sich selber finden, nicht mehr im Fremden oder in vergangenen Instanzen.

Das alles kann man nicht konzipieren, beschließen und dann gesellschaftlich „einführen". Das wurde bereits dargelegt. Auf der anderen Seite braucht man aber auch nicht zu warten, ob und wie viele dabei „mitmachen". Auch dies ist eine Frucht von Individualisierung. Ich kann jederzeit damit anfangen; und auch der kleinste eigene Schritt hat Auswirkungen im Sozialen.

Eigentlich bin ich ganz anders;
ich komme nur so selten dazu.

Ödön von Horvarth

120

Der Autor

Dr. phil. Karl-Martin Dietz, geb. 1945 in Heidelberg. Studium der Klassischen Philologie, Germanistik und Philosophie, daneben auch der Wirtschaftswissenschaften, in Heidelberg, Tübingen und Rom. Promotion mit einer Arbeit über vorsokratische Philosophie. 1974 bis 1980 Lehrtätigkeit an der Universität Heidelberg. 1978 Begründung des Friedrich von Hardenberg Instituts für Kulturwissenschaften in Heidelberg zusammen mit Thomas Kracht. Im Rahmen des Instituts seit 1990 auch Seminare in Unternehmen und Organisationen. Zahlreiche Veröffentlichungen zu zeitgeschichtlichen und geistesgeschichtlichen Themen. www.hardenberginstitut.de

Literaturverzeichnis

KARL ALBERT, Einführung in die philosophische Mystik, Darmstadt 1996

ROLF ARNOLD, HANS-JOACHIM MÜLLER (Hg.), Kompetenzenentwicklung durch Schlüsselqualifikationen. Grundlagen der Berufs- und Erwachsenenbildung, Band 19, Hohengehren 1999

SUSANNE BÄCHTOLD, KATJA SUPERSAXO, Dynamische Urteilsbildung. Urteilen und handeln mit der Lemniskate – Ein Handbuch für die Praxis, Bern 2005

HENDRIK BACKERRA, CHRISTIAN MALORNY, WOLFGANG SCHWARZ, Kreativitätstechniken, München 2002

MARTIN BASFELD, THOMAS KRACHT (Hg.), Subjekt und Wahrnehmung. Beiträge zu einer Anthropologie der Sinneserfahrung, Basel 2002

JOACHIM BAUER, Prinzip Menschlichkeit. Warum wir von Natur aus kooperieren, Hamburg 2006

ZYGMUNT BAUMAN, „Wir sind wie Landstreicher", in: Süddeutsche Zeitung vom 16./ 17.11.1993, S. 12

ULRICH BECK, „Jenseits von Stand und Klasse? Soziale Ungleichheiten, gesellschaftliche Individualisierungsprozesse und die Entstehung neuer sozialer Formationen und Identitäten", in: REINHARD KREKEL, Zur Theorie sozialer Ungleichheiten, Soziale Welt, Sonderband 2, Göttingen 1983, S. 35-74

– Kinder der Freiheit, Frankfurt/Main 1997

– Risikogesellschaft. Auf dem Weg in eine andere Moderne, Frankfurt/Main 1986

ULRICH BECK, ELISABETH BECK-GERNSHEIM (Hg.), Riskante Freiheiten. Individualisierung in modernen Gesellschaften, Frankfurt/Main 1994

KLAUS BECKMANN, THOMAS MOHRS, MARTIN WERDING (Hg.), Individuum versus Kollektiv. Der Kommunitarismus als „Zauberformel"?, Frankfurt/Main 2000

– „Die Herausforderung des Kommunitarismus", in: BECKMANN, MOHRS, WERDING (Hg.),

Individuum versus Kollektiv. Der Kommunitarismus als „Zauberformel"?

PETER A. BERGER, Individualisierung. Statusunsicherheit und Erfahrungsvielfalt, Opladen 1996

DAVID BOHM, Der Dialog, [1996] Stuttgart 2000

ULRICH BRÖCKLING, Das unternehmerische Selbst. Soziologie einer Subjektivierungsform, Frankfurt 2007

STEFAN BROTBECK, „Phantomgedanken", in: die Drei, Heft 7/2006, S. 44-53

– Das entzauberte Hirngespinst, Leipzig 2007

MARTIN BUBER, Das dialogische Prinzip, Gerlingen 1947

– „Ich und Du" [1929], in: MARTIN BUBER, Das dialogische Prinzip, Gerlingen 1947

– Begegnung. Autobiographische Fragmente, Heidelberg 1986

MIHALY CSIKSZENTMIHALYI, Kreativität, Stuttgart 1994

RALF DAHRENDORF, Die Chancen der Krise. Über die Zukunft des Liberalismus, Stuttgart 1983²

RENÈ DESCARTES, Regulae ad directionem ingenii, Hamburg 1973

KARL-MARTIN DIETZ, Produktivität und Empfänglichkeit, Heidelberg 2008

– Dialogische Schulführung an Waldorfschulen. Spiritueller Individualismus als Sozialprinzip, Heidelberg 2006

– Wenn Herzen beginnen, Gedanken zu haben, 2. Auflage, Stuttgart 2005

– Metamorphosen des Geistes, Band 2: Platon und Aristoteles – Das Erwachen des europäischen Denkens, Stuttgart 2004²; Band 3: Heraklit von Ephesus und die Entwicklung der Individualität, Stuttgart 2004²

– „Autonomie und Selbstbestimmung aus philosophischer Sicht", in: PAOLO BAVASTRO, Autonomie und Individualität, Stuttgart 2003, S. 15-57

– Dialog. Die Kunst der Zusammenarbeit, Heidelberg, 2., durchgesehene Auflage 2001

– „Positivität. Zur Kultur des Gefühlslebens", in: Konturen 8, Heidelberg 1997, S. 9-66

– „Sachlichkeit. Aspekte und Konsequenzen der so genannten Nebenübungen am Beispiel der ‚Gedankenkontrolle'", in: Konturen 7, Heidelberg 1996, S. 11-56

– Gemeinschaft durch Freiheit. Perspektiven für die Zukunft des Geisteslebens, Stuttgart 1996

– Individualität im Zeitenschicksal. Gefährdung und Chancen, Stuttgart 1994

– Die Suche nach Wirklichkeit. Bewusstseinsfragen am Ende des 20. Jahrhunderts, Stuttgart 1988

KARL-MARTIN DIETZ, THOMAS KRACHT, Dialogische Führung. Grundlagen – Praxis. Fallbeispiel: dm-drogerie markt, Frankfurt/Main, New York 2007, 2. Auflage

KARL-MARTIN DIETZ (Hg.), Rudolf Steiners „Philosophie der Freiheit". Eine Menschenkunde des höheren Selbst, Stuttgart 1994

RICHARD VAN DÜLMEN, Die Entdeckung des Individuums 1500-1800, Frankfurt/Main 1997

NIKOLA EBERS, Individualisierung, Würzburg 1995

NORBERT ELIAS, Die Gesellschaft der Individuen, Frankfurt/Main 1987

HARRY G. FRANKFURT, Freiheit und Selbstbestimmung, Berlin 2001

MANFRED FRANK, Selbstbewußtsein und Selbsterkenntnis, Stuttgart 1991

VIKTOR FRANKL, Ärztliche Seelsorge, [1946] Wien 1982

MICHAEL FRESE, „Arbeit", in: THEO HERRMANN, ERNST T. LANTERMANN (Hg.), Persönlichkeitspsychologie. Ein Handbuch in Schlüsselbegriffen, Landsberg 1985, S. 139-146

JÜRGEN FRIEDRICHS, Die Individualisierungs-These, Opladen 1998

ARNOLD GEHLEN, Der Mensch: Seine Natur und seine Stellung in der Welt, [1940] Frankfurt 1978

KENNETH J. GERGEN, Das übersättigte Selbst. Identitätsprobleme im heutigen Leben, Heidelberg 1996 (amerikanische Originalausgabe 1991)

VOLKER GERHARDT, „Selbstbestimmung", in: JOACHIM RITTER et al., Historisches Wörterbuch der Philosophie, Band 9, Basel 1995, Spalte 335-346

JOHANN WOLFGANG VON GOETHE, Maximen und Reflexionen, hg. von MAX HECKER, Frankfurt/Main 1976

DANIEL GOLEMAN, Emotionale Führung, München 2002

– Emotionale Intelligenz, München 1996

PETER GROSS, Die Multioptionsgesellschaft, Frankfurt/Main 1994

JÜRGEN HABERMAS, Theorie des kommunikativen Handelns, Frankfurt/Main 1981

WINFRIED HAMEL, „Individualisierung – Neue Herausforderung der Personalwirtschaft?", in: HANS JÜRGEN DRUMM (Hg.), Individualisierung der Personalwirtschaft. Grundlagen, Lösungsansätze und Grenzen, Bern, Stuttgart 1989

BENEDIKTUS HARDORP, „Führung ohne Hierarchie?", in: Der Wirtschaftsprüfer als Unternehmensberater. Festschrift für Wirtschaftsprüfer und Steuerberater Dr. Max Horn zum 70. Geburtstag, Ulm 1974

124

MARTINA HARTKEMEYER, JOHANNES F. HARTKEMEYER, L. FREEMAN DHORITY, Miteinander denken. Das Geheimnis des Dialogs, Stuttgart 1998

JOHANNES F. UND MARTINA HARTKEMEYER, Die Kunst des Dialogs. Kreative Kommunikation entdecken, Stuttgart 2006

MARTIN HAUTZINGER, Depression, Göttingen 1998

GERHARD HESCH, Das Menschenbild neuer Organisationsformen. Mitarbeiter und Manager in Unternehmen der Zukunft, Aachen 2000

MATTHIAS HILDEBRANDT, „Historische Konzeptionen des Selbst in den USA", in: KLAUS BECKMANN, THOMAS MOHRS, MARTIN WERDING (Hg.), Individuum versus Kollektiv. Der Kommunitarismus als „Zauberformel"?, Frankfurt/Main 2000, S. 53-75

HANS H. HINTERHUBER, Leadership: Strategisches Denken systematisch schulen von Sokrates bis Jack Welch, Frankfurt/Main 2007

REINHARD HÖHN, Die Führung mit Stäben in der Wirtschaft, Bad Harzburg 1961

REINHARD HÖHN, GISELA BÖHME, Führungsbrevier der Wirtschaft, Bad Harzburg 1966

MAX HORCKHEIMER, THEODOR W. ADORNO, Dialektik der Aufklärung, Frankfurt/Main 1989

SONIA HORNBERGER, Individualisierung in der Arbeitswelt aus arbeitswissenschaftlicher Sicht, Karlsruhe 2004, S. 53

– „Die neuzeitliche Perspektive der Individualisierung und die Herausforderungen für die Personalforschung", in: Zeitschrift für Personalforschung, 16. Jahrgang, Heft 4, 2002, S. 545-562

MATTHIAS HORX, „Die neue Welt der ICHs? Zur Verteidigung des Individualismus gegen seine Kritiker und Freunde", in: GERD NOLLMANN, HERMANN STRASSER (Hg.), Das individualisierte Ich in der modernen Gesellschaft, Frankfurt/Main 2004, S. 198-204

GERALD HÜTHER, Bedienungsanleitung für ein menschliches Gehirn, Göttingen 2005

– Die Macht der inneren Bilder, Göttingen 2004

WILHELM VON HUMBOLDT, Briefe an F. A. Wolf, Berlin 1990

LARS IMMERTHAL, Der Unternehmer. Zum Wandel von Ethos und Strategie des Unternehmertums im Ausgang der Moderne, München 2007

WILLIAM ISAACS, Dialog als Kunst, gemeinsam zu denken, Bergisch Gladbach 2002

HANS JONAS, Augustin und das paulinische Freiheitsproblem. Ein philosophischer Beitrag zur Genesis der christlich-abendländischen Freiheitsidee, Göttingen 1930

MATTHIAS JUNGE, Individualisierung, Frankfurt/Main 2002

FRANZ KAFKA, Das Ehepaar und andere Schriften aus dem Nachlaß – in der Fassung der Handschrift, Frankfurt/Main 1994

IMMANUEL KANT, Was heißt: sich am Denken orientieren? 1786

MICHAEL KASTNER, Neue Selbstständigkeit in Organisationen – Selbstbestimmung, Selbstausbeutung, Selbsttäuschung, München und Mering 2003

HEINER KEUPP, Eigensinn und Selbstsorge: Subjektsein in der Zivilgesellschaft, Vortrag Berlin 2000 (Manuskript)

– Identitäts-Konstruktionen, Reinbeck 1999, 2002²

– „Diskursarena Identität: Lernprozesse in der Identitätsforschung", in: Heiner Keupp, Renate Höfer (Hg.), Identitätsarbeit heute. Klassische und aktuelle Perspektiven der Identitätsforschung, Frankfurt/Main 1997, S. 11-39

– Riskante Chancen, Heidelberg 1988

ERICH KIRCHLER, KATJA MEIER-PESTI, EVA HOFMANN, Menschenbilder in Organisationen, Wien 2004

FLAVIA KIPPELE, Was heißt Individualisierung? Die Antworten soziologischer Klassiker, Opladen 1998

125

JÜRGEN KOCKA, „Industrielles Management: Konzeptionen und Modelle in Deutschland vor 1914", in: Vierteljahrschrift für Sozial- und Wirtschaftsgeschichte, Band 56, 1969, S. 332-372

KLAUS-PETER KÖPPING, MICHAEL WELKER, REINER WIEHL (Hg.), Die autonome Person – eine europäische Erfindung?, München 2002

THOMAS KRACHT (Hg.), Erkennen und Wirklichkeit. Zum Studium der „Philosophie der Freiheit" Rudolf Steiners, Band 2, Stuttgart 2001

– „Vorstellung und Verständnis. Betrachtungen über das Lesen", in: MARTIN BASFELD,

THOMAS KRACHT (Hg.), Subjekt und Wahrnehmung. Beiträge zu einer Anthropologie der Sinneserfahrung, Basel 2002

PETER LOEBELL, Lernen und Individualität. Elemente eines individualisierenden Unterrichts, Weinheim 2000

THOMAS LOER, Zum Unternehmerhabitus. Eine kultursoziologische Bestimmung im Hinblick auf Schumpeter, Karlsruhe 2006

WOLFGANG LOTTER, „Goodbye Johnny", in: Brand Eins 02/2006, S. 50-59

– Verschwendung. Wirtschaft braucht Überfluss – die guten Seiten des Verschwendens, München 2006

KARL LÖWITH, Das Individuum in der Rolle des Mitmenschen, Darmstadt 1969

NIKLAS LUHMANN, „Autopoiesis, Handlung und kommunikative Verständigung", in: Zeitschrift für Soziologie, Jahrgang 11, Heft 4 (1982), S. 366-379

– „Individuum und Gesellschaft", in: Universitas. Zeitschrift für Wissenschaft, Kunst und Literatur, 39. Jahrgang, 1. Band, Heft 1-6, S. 1-11

REINER MANSTETTEN, Das Menschenbild der Ökonomie. Der homo oeconomicus und die Anthropologie von Adam Smith, Freiburg und München 2000

ABRAHAM H. MASLOW, Motivation und Persönlichkeit, [1954] Reinbeck 1991

KAI MATTHIESEN, Kritik des Menschenbildes in der Betriebswirtschaftslehre, Bern 1995

DOUGLAS MCGREGOR, Der Mensch im Unternehmen, [1960] Hamburg 1986

CLEMENS MENTZE, „Individualität", in: DIETER LENTZEN, KLAUS MOLLENHAUER (Hg.), Enzyklopädie Erziehungswissenschaft, Band 1, Stuttgart 1983

DIETER MERTENS, „Schlüsselqualifikationen: Thesen zur Schulung für eine moderne Gesellschaft", in: Mitteilungen aus der Arbeitsmarkt- und Berufsforschung 7 (1974) 1, S. 36-43

MEINHARD MIEGEL, STEFANIE WAHL, Das Ende des Individualismus. Die Kultur des Westens zerstört sich selbst, Bonn 1998⁴

ARMIN NASSEAI, „Ich-Identität paradox", in: GERD NOLLMANN, HERMANN STRASSER (Hg.), Das individualisierte Ich in der modernen Gesellschaft, Frankfurt/Main 2004

OSWALD NEUBERGER, Personalwesen 1, Stuttgart 1997

– Personalentwicklung, Stuttgart 1994

– „Symbolisches Management als Vermittlung zwischen Individualisierung und Organisation, in: Hans Jürgen Drumm (Hg.), Individualisierung der Personalwirtschaft. Grundlagen, Lösungsansätze und Grenzen, Bern und Stuttgart 1989

FRIEDRICH NIETZSCHE, „Menschliches, Allzumenschliches I", in: ders., Sämtliche Werke, hg. von GIORGIO COLLI und MAZZINO MONTINARI, Berlin 1980, Band 2

GERD NOLLMANN, HERMANN STRASSER, „Individualisierung als Programm und Problem der modernen Gesellschaft", in: dies. (Hg.), Das individualisierte Ich in der modernen Gesellschaft, Frankfurt/Main 2004

NOVALIS, Schriften, 2. Band, hg. von RICHARD SAMUEL, Darmstadt 1981

THOMAS J. PETERS, ROBERT H. WATERMAN, JR., Auf der Suche nach Spitzenleistungen, Landsberg 1983

NIELS PFLÄGING, Führen mit flexiblen Zielen. Beyond Budgeting in der Praxis, Frankfurt/Main 2006

GIOVANNI PICO DELLA MIRANDOLA, Über die Würde des Menschen (1486), lat-dt., hg. von A. BUCK, Hamburg 1990

MICHAEL WELKER PING, REINER WIEHL (Hg.), Die autonome Person – eine europäische Erfindung?, München 2002,

ANNEMARIE PIPER, „Freiheit ohne soziale Verantwortung? ‚Freigeisterei' (Kant) versus ‚Freigeist' (Nietzsche)", in: HEINRICH SCHMIDINGER, CLEMENS SEDMAK, Der Mensch – ein freies Wesen?, Darmstadt 2005, S. 21-32

MAX POHLENZ, Die Stoa. Geschichte einer geistigen Bewegung, Göttingen (1959) 1978

FRITZ REDLICH, Der Unternehmer. Wirtschafts- und Sozialgeschichtliche Studien, Göttingen 1964

LOTHAR REETZ, „Schlüsselqualifikationen aus bildungstheoretischer Sicht – in der berufs- und wirtschaftspädagogischen Diskussion", in: ROLF ARNOLD, HANS-JOACHIM MÜLLER (Hg.), Kompetenzentwicklung durch Schlüsselqualifizierung. Grundlagen der Berufs- und Erwachsenenbildung, Band 19, Hohengehren, S. 35-51

JUDITH REICHERZER, „Karriereknick für Gefühls-Nieten", in: Süddeutsche Zeitung vom 12./13.2.2000

WIEBRECHT RIES, „Geist, freier", in: JOACHIM RITTER et al., Historisches Wörterbuch der Philosophie, Band 3, Darmstadt 1974, Spalte 204-206

CARL R. ROGERS, Entwicklung der Persönlichkeit. Psychotherapie aus der Sicht eines Therapeuten, Stuttgart (1961) 1991

FERDINAND ROHRHIRSCH, Unternimm dich selbst, Karlsruhe 2005

FERDINAND ROHRHIRSCH, LUDWIG PAUL HÄUßNER, Unternimm mit anderen. Führung als Selbstführung im unternehmerischen Mitsein, Karlsruhe 2007

ENNO RUDOLPH, Odyssee des Individuums. Zur Geschichte eines vergessenen Problems, Stuttgart 1991

GÜNTER SCHEICH, Positives Denken macht krank. Vom Schwindel mit gefährlichen Erfolgsversprechen, Frankfurt/Main 1997

HEINRICH SCHMIDINGER, CLEMENS SEDMAK, Der Mensch – ein freies Wesen?, Darmstadt 2005

OTTMAR SCHNECK, Lexikon der Betriebswirtschaft, München 1994, 2. Auflage

LARS SCHUSTER, „Individualisierung im Personalwesen. Wege zur Selbstverantwortung und Handlungsautonomie der Mitarbeiter", in: Zeitschrift Führung + Organisation (zfo) 01/1991, S. 22-25

PETER M. SENGE, Die fünfte Disziplin, New York 1990, Stuttgart 2001

RICHARD SENNETT, Der flexible Mensch. Die Kultur des neuen Kapitalismus, New York 1998, Berlin 1998

GEORGE BERNARD SHAW, Man and Superman (1903), Harmondsworth 1974

WERNER SIEVER, CHRISTIAN WEBER, Ich. Wie wir uns selbst erfinden, Frankfurt/Main 2006

FREDERIK SKINNER, Jenseits von Freiheit und Würde, Reinbek 1982

ADAM SMITH, Wohlstand der Nationen, München 1982

REINHARD K. SPRENGER, Mythos Motivation. Wege aus einer Sackgasse, Frankfurt/Main 2002

– Spaß oder Fluchtgedanken?", in: Wirtschaftswoche Nr. 39, 23.9.1999

RUDOLF STEINER, Die Philosophie der Freiheit, GA 4, Dornach 1995

– Die Stufen der höheren Erkenntnis, GA 12, Dornach 1993

– Die Erziehung des Kindes vom Gesichtspunkte der Geisteswissenschaft, GA 34, Dornach 1987

– Ursprung und Ziel des Menschen, GA 53, Dornach 1981

JÜRGEN STRAUB, „Personale Identität und Autonomie. Eine moderne Subjekttheorie und das ‚postmoderne Selbst'„, in: KLAUS-PETER KÖPPING, MICHAEL WELKER, RAINER WIEHL (Hg.), Die autonome Person – Eine europäische Erfindung?, München 2002, S. 255-271

CHARLES TAYLOR, Das Unbehagen an der Moderne, Ontario 1991, Frankfurt/Main 1997[3]

FREDERICK WINSLOW TAYLOR, Die Grundsätze wissenschaftlicher Betriebsführung [1911], Weinheim 1995

ALVIN TOFFLER, Der Zukunftsschock, München 1974

RUDY VANDERCRUYSSE, Herzwege. Von der emotionalen Selbstführung zum meditativen Leben, Stuttgart 2005

FREDERIC VESTER, Die Kunst, vernetzt zu denken, München [1999] 2002

HERMANN VEITH, Das Selbstverständnis des modernen Menschen. Theorien des vergesellschaftlichten Individuums im 20. Jahrhundert, Frankfurt/Main, New York 2001

KARL VORLÄNDER, Geschichte der Philosophie, 2. Band, Leipzig 1927

G. GÜNTER VOß, HANS J. PONGRATZ, „Der Arbeitskraftunternehmer. Eine neue Grundform der Ware Arbeitskraft?", in: Kölner Zeitschrift für Soziologie und Sozialpsychologie, Jg. 50, Heft 1, 1998, S. 131-158

HILDE WAGNER, „Rentier' ich mich noch?". Neue Steuerungskonzepte im Betrieb, Hamburg 2005

EMIL WALTER-BUSCH, Das Auge der Firma. Mayos Hawthorne-Experimente und die Harvard Business School, 1900-1960, Stuttgart 1989

MAX WEBER, Die protestantische Ethik, München/Hamburg 1965

GÖTZ W. WERNER, „Unternehmergeist – Anfängergeist", in: ANDREAS ZEUCK (Hg.), Management von Nichtwissen im Unternehmen, Heidelberg 2007, S. 62-67

– Führung für Mündige, Karlsruhe 2006

– Wirtschaft – das Füreinander-Leisten, Karlsruhe 2004

JÜRGEN WERNER, „Ora et Labora", in: Heinrich von Pierer, Bolko von Oetinger (Hg.), Wie kommt das Neue in die Welt?, München 1997

WILLIAM H. WHITE, JR., Herr und Opfer der Organisationen, Düsseldorf 1958

REINER WIEHL, „Die Bestimmung der Person in der europäischen Kultur", in: KLAUS-PETER KÖPPING, MICHAEL WELKER, REINER WIEHL (Hg.), Die autonome Person – eine europäische Erfindung?, München 2002, S. 131-140

PETER WIMMER, OSWALD NEUBERGER, Personalwesen 2, Stuttgart 1998

HERBERT WITZENMANN, Sozialorganik. Ideen zu einer Neugestaltung der Wirtschaft, Krefeld 1998

– Intuition und Beobachtung, Band 1: Das Erfassen des Geistes im Erleben des Denkens, Band 2: Befreiung des Erkennens. Erkennen der Freiheit, Stuttgart 1977/1978

JAMES P. WOMACK, DANIEL JONES, DANIEL ROOS, Die zweite Revolution in der Autoindustrie. Konsequenzen aus der weltweiten Studie aus dem Massachusetts Institute of Technology, Frankfurt/Main 1991

ROLF WUNDERER, Kooperation. Gestaltungsprinzipien und Steuerung der Zusammenarbeit zwischen Organisationseinheiten, Stuttgart 1991

ROLF WUNDERER, THOMAS KUHN, Innovatives Personal Management, Hamburg 1995

ERNST ZANDER, Goethe und die Menschenführung, München 2003

RENATUS ZIEGLER, Intuition und Ich-Erfahrung. Erkenntnis und Freiheit zwischen Gegenwart und Ewigkeit, Stuttgart 2006

„Jeder Mensch ein Unternehmer"
ist keine Tatsachenbehauptung,
sondern die Beschreibung einer Aufgabe:
einer Aufforderung, die das Zeitalter
an jeden von uns stellt.

Karl-Martin Dietz